कविताएँ

सुनो जोगी

और अन्य कविताएँ

सुनो जोगी
और अन्य कविताएँ

संध्या नवोदिता

लोकभारती पेपरबैक्स

लोकभारती पेपरबैक्स में
पहला संस्करण : 2024

लोकभारती पेपरबैक्स : उत्कृष्ट साहित्य के लोकप्रिय संस्करण

लोकभारती प्रकाशन
पहली मंजिल, दरबारी बिल्डिंग, महात्मा गांधी मार्ग
प्रयागराज-211 001
द्वारा प्रकाशित

शाखाएँ : 1-बी, नेताजी सुभाष मार्ग, दरियागंज, नई दिल्ली-110 002
अशोक राजपथ, साइंस कॉलेज के सामने, पटना-800 006
1, अनमोल सोराबजी संतुक लेन, धोबी तलाव, मरीन लाइंस, मुम्बई-400 002

वेबसाइट : www.lokbhartiprakashan.com
ई-मेल : info@lokbhartiprakashan.com

विकास कंप्यूटर एंड प्रिंटर्स
ट्रॉनिका सिटी-201 102
द्वारा मुद्रित

मूल्य : ₹299

SUNO JOGI AUR ANYA KAVITAYEIN
Poems by Sandhya Navodita

ISBN : 978-81-19996-34-6

एक दिन
सारी माँएँ चली जाती हैं
एक दिन
सारे बच्चे रह जाते हैं
इस दुनिया में जूझते अकेले

आदरणीय शारदा देवी की चिर स्मृतियों को समर्पित
जिनसे मैं जन्मी

क्रम

सुनो जोगी

एक दिन हमने खेल किया था

एक दिन हमने खेल किया था
आग जली थी
एक दिन हमने खेल किया था
नदी बही थी

एक दिन हमने खेल किया था
आग को हमने नदी के घर में घुसा दिया था
नदी को हमने आग के दर पे खड़ा किया था
एक दिन हमने खेल किया था।

मैं हरेपन में बोलती हूँ

मैं हरेपन में बोलती हूँ
आप मेरा अनुवाद हरीतिमा में कर सकते हैं

जब आप मुझे चुप करेंगे
मैं कोंपलों में उग आऊँगी

जब रोकेंगे नज़र से ओझल करके
मैं आपकी आँखों से बह रही होऊँगी

आप मुझे जाने देंगे
और ख़ुद को जाता हुआ देखेंगे मुझ में

मैं आपके भीतर हूँ ठीक उसी जगह
जहाँ रुधिर का प्रवाह सबसे तेज़

आप हथेली रखेंगे वहाँ
और मैं आपकी उँगलियों के पोरों में धड़क जाऊँगी

सबसे ज़्यादा मुखर हो जाऊँगी मैं
आपके मौन में।

यह सड़क कोई सपना नहीं है

तुम मेरे भीतर
मेरी आत्मा की तरह हो
जिसे मैंने कभी नहीं देखा

तुम कहते हो और मैं सुनती हूँ
मैं कहती हूँ और तुम सुनते हो
हम कभी देख नहीं पाते एक-दूसरे को
किसी आवाज़ जैसा भी कुछ भौतिक नहीं

लेकिन तुम हँसते भी हो
चिढ़ाते भी
कभी बहुत गम्भीर, कभी मगन मन दुनिया
बस गए हो
जाने कब से मेरे भीतर
कभी उत्तर देते हो कभी ख़ामोश एकदम

इस बड़ी दुनिया को
घेर लिया है एक और बड़ी दुनिया ने
जिसमें तुम्हारे और मेरे बीच
एक हरियाला रास्ता है
और मज़े की बात कि यह राह कोई सपना नहीं है!

पृथ्वी से रिश्ते तोड़ना

यही सही समय है
और पृथ्वी मैं तुमसे अपने सारे रिश्ते तोड़ती हूँ

हवाओं से कहती हूँ अलविदा
और तुम्हारी मिट्टी से
झरती पानी की बूँदों
आग और झंझाओं से

मैं रिश्ते तोड़ती हूँ तुमसे
कि मैं तोड़ती हूँ ख़ुद को
ख़ुद से निकालती हूँ
जल, मिट्टी, अग्नि, आकाश और हवा को
सारी शान्ति निकाल के फेंकती हूँ
सारी बेचैनी नोच देती हूँ
सारे सुखों को पाताल कुएँ में फेंकती हूँ
और इस तरह पृथ्वी मैं होती हूँ तुमसे अलग।

मैं दुख बोती हूँ

मैं दुख बोती हूँ
आँसू उगाती हूँ
चलती जाती हूँ एक वीरान सड़क पर अकेले

कहाँ मिलते हैं कबीर के साधो
कौन आगाह करता है हिरना को
किस छोर से आती हैं दुआएँ ललद्यद की
ये किस काबे की तरफ़ बहा चला जा रहा है
दुनिया का रेला

अब तो लहू की वैतरणी है
मांस और पीब की सड़न से भरी
बड़े आका हैं, ख़ुदा से भी बड़े
बाँटते रहते हैं धरती, समन्दर, आसमान और आदमी को
जब तक चाहे खेलते हैं
फिर तोड़-मरोड़ के फेंक देते हैं ये खिलौने

मैं एक सुनहरी सुबह की तलाश में
एक सन्दली शाम को खोजती
चली जा रही हूँ जाने किस बहिश्त की आस में
मैं कहती हूँ और रोती हूँ
और फिर फिर दुख ही बोती हूँ

यह जानना अजीब लगता है

यह जानना अजीब लगता है
कि उस पार कोई हमारी आवाज़ सुन रहा है
यह और भी अजीब
कि शायद कहीं सुना ही न जा रहा हो हमें
और सारी बरसात एक ढलान पर बरस गई हो

फिर भी बातें कही जाती हैं
वे अपना रास्ता निकाल लेती हैं
शब्द नदी बन जाते हैं
और पत्थरों को रेत में तब्दील कर देते हैं

सब कुछ कभी थमता नहीं
गति का नियम यहाँ भी लागू होता है
कई बार हम अकेले बोलते और सुनते हैं
और कई बार कुछ चुप्पियाँ भी इस सुनने में शामिल होती हैं

बातें कही जाती हैं
वे अपनी बेचैनी को चीर कर अलग ही संगीत रच लेती हैं।

सबसे सुन्दर समय

बहुत सुन्दर समय वही होता है
जब आप किसी व्यक्ति की याद में नहीं होते
किसी जगह की याद में नहीं होते
न किसी घटना की
आप किसी याद में नहीं होते

जब कोई प्रतीक्षा नहीं करते
न किसी उत्तर का इन्तज़ार
सबसे सम्मोहक समय होता है
जब आप घुल जाते हैं रात रानी की ख़ुशबू में

जब आप आसमान को देखते हैं
और वह बारिश का स्पर्श भेज चौंका देता है
नदी तट पर हर चुप को ज़ुबान आ जाती है
रेत, लहर, हवा सब कितना बोलते हैं

सबसे मुग्ध करने वाला समय होता है
जब आप ख़ुद को सुन रहे होते हैं
उससे भी अद्‌भुत होता है जब आप बस होते हैं
इतना होते हैं और इस तरह होते हैं कि
आप भूल जाते हैं अपने होने को ही

अचानक याद आता है, अरे, आज 26 सितम्बर 2022 है
पानी बरस रहा है झमाझम
और आप नदी के पास से होते हुए शहर के सबसे व्यस्त चौराहे को क्रॉस कर रहे हैं।

एक दिन

एक दिन
रात होती है
गहरी और गहरी
एक दिन
सिर्फ़ अतल रात होती है

एक दिन
दुनिया के दरवाज़े
दीवारों में बदल जाते हैं

एक दिन
सारी माँएँ चली जाती हैं
एक दिन
सारे बच्चे रह जाते हैं
इस दुनिया में जूझते अकेले

दुख और केवल दुख ठहरा है साथ
वही बोलता है,
अब वही है जो हाथ थाम कर चलता है।

मुझे कुछ नहीं पता

दुखों की काट का कोई उपाय मुझे
अब तक नहीं पता

काँपते हाथों और
गले तक सहमती धड़कनों का स्विच ऑफ़ करना नहीं पता
जीवन की चकाचौंध और मृत्यु के सन्नाटे का साम्य बिन्दु नहीं पता

मुझे अब तक पता नहीं कि जा चुके को कैसे भूला जाता है
और जिनके जाने की लकीर समय ने तय कर दी हो
उनके साथ कैसे रहा जाता है

मुझे दूसरी दुनिया का निश्चित ही कुछ पता नहीं
रही आती दुनिया पर कोई वश नहीं
गति एक सत्य है

कोई चला जाता है
उसी के साथ कोई हमेशा के लिए उसी पल में ठहर जाता है
काश मेरी उँगलियों में कोई चमत्कार होता
कोई डोर होती
तो सारे सवेरे सुनहरे होते
सारी रातें चाँदी होतीं

और इनके बीच काली नदी कभी न बहती
फ़िलहाल तो काली नदी बहुत तेज़ बह रही है

उसका सबसे गहरा हिस्सा वहीं है
जहाँ मैं खड़ी हूँ।

एक हद के इन्तज़ार में

मैं एक हद के इन्तज़ार में खड़ी हूँ
एक सीमा से निकल कर
अब असीम के बीच

मैं खड़ी हूँ उम्मीदों के ध्वस्त होने
कि बनने के इन्तज़ार में
रेशा-रेशा उधड़ने कि तिल-तिल
जुड़ने के लिए
मैं खड़ी हूँ कि अपने कुचले जाने
कि फिर से पूरा बनने की प्रतीक्षा में

मैं खड़ी हूँ
यह एक आम चौराहा है

यूँ यहाँ उम्मीदें रोज़ ही दम तोड़ती हैं
हर दिन बहुत सी चीज़ें खोती हैं यहाँ
कई बार फेंक भी दी जाती हैं

मसलन्
उदासी, अवसाद, ख़ुशी, आँसू, दोस्ती
और प्यार तो अक्सर ही
एक्सिडेंटल मौत मरने के लिए

वैसे यह ज़रूरी नहीं
कि हर बार दुर्घटना चौराहे पर ही हो

कई बार तो यह उत्सवों से सजे शहर के एक घर के एक कमरे में
भी हो सकती है

पूरी चुप्पी और
नाउम्मीदी की अनन्त कहानी
बाजे-गाजे के बीच भी लिखी जा सकती है।

गणेश कथा

एक दुख, दो दुख
चार दुख, आठ दुख
इस तरह मैं दुखों का पहाड़ा पढ़ती हूँ
और रोज़ एक पहाड़ चढ़ती हूँ

दो बार मुख कैंसर के शिकार हुए गणेश
जो दूसरा आपरेशन कराने गए अकेले ही टाटा हॉस्पिटल मुम्बई
महज छत्तीस बरस के गणेश

अकेले, इतना अकेले गए गणेश
कि कोई यह तक कहने वाला न था उनके साथ
कि छोटा ही आपरेशन है गणेश
धीरज रखो
सब ठीक हो जाएगा

कैंसर के पहले आपरेशन में ही आधी कटी ज़ुबान
पहले से ही रहे अधूरे शब्द
मुख के दूसरे आपरेशन में अधूरे भी बाक़ी न रहे

लौटे गणेश दूसरा आपरेशन करा के
बल्कि कहें लौटना चाहा गणेश ने बड़ी व्याकुलता से
प्यारी पत्नी और लाड़ले चार बच्चों के पास
वो चाहते थे बस जीना
जाना नहीं चाहते थे बिलकुल

गणेश मामूली इच्छाओं वाले मामूली आदमी
न रुपया जमा किए, न सोना
न खेती बढ़ाई, न नौकरी देखी
भाइयों की नजर में बेकाम के गणेश
सुना है बड़े साधु स्वभाव थे

तो आपरेशन करा के चल पड़े गणेश
पता नहीं कब की समेटी हिम्मत चुक गई
आधे रास्ते पहुँची गाड़ी
मुम्बई से इलाहाबाद नहीं
बीच में ही डेड बॉडी बन गए गणेश

यात्रियों को बदबू भरे गणेश इनसान नहीं लगे
सो ज़िद करके उतार दिए गए गणेश अपनी मृत देह के साथ
बीच राह में किसी जंक्शन पर

अब दुखों का पहाड़ा तो ऐसे ही बढ़ता है
तपती दोपहरी का सूरज ऐसे ही सर चढ़ता है
इधर गणेश सिधारे उधर इलाहाबाद में इन्तज़ार करते उनके बूढ़े पिता भी चल बसे थोड़ी देर बाद

तो चले मित्र केशव इलाहाबाद से गणेश की मृत देह लाने
कि कम से कम अन्तिम संस्कार तो हो नसीब
बेच के अपना फोन इन्तज़ाम किया, लकड़ी का ताबूत बनाया बढ़ई ने ज़्यादा रुपया लेकर
काहे से कि वो शादी के मंडप बनाने वाला बढ़ई था

कटे-फटे, बदबू मारते गणेश को बरफ़ की सिल्लियों बीच सहेज लाए केशव
और लिटा दिया उनके पिता की मृत देह के बगल
गणेश के नन्हे पुत्र ने उस रात दो पिताओं को अग्नि दी

केशव एक स्नेह हैं, एक खूँटी हैं
जहाँ गणेश का बेसहारा परिवार अपनी ज़रूरतों को टाँगता है

सोचते हैं और गहरी साँस लेते हैं केशव
शायद मैं अपने मित्र गणेश से बरसों बाद
अचानक उसकी मृत्यु के छः माह पहले इसीलिए मिला था

दोहराते हैं केशव, भीगती है सुनने वाली हर शय
अँधेरा भीगता है, लम्बी होती परछाइयाँ भीगती हैं
रास्ते भीगते हैं, पेड़, चाँद, सरोवर सब भीगते हैं

यह सिर्फ़ दुखों का पहाड़ा है गणेश का
जिसे अब उसकी पत्नी अपने चार बच्चों के साथ पढ़ती है
दुखों का पहाड़ रोज चढ़ती है

और मैं सोचती हूँ
ये कठिन पहाड़े किसी के जीवन में न आएँ कभी
सबको केशव नहीं मिलते

दुखों के पहाड़ अकेले नहीं चढ़े जाते
अकेले तो सुन्दर पार्क भी नहीं घूमे जाते
अकेले होना ही इस पहाड़ को कई गुना ऊँचा बनाता है

मैं सोचती हूँ और बोलती हूँ
गणेश की अभागी पत्नी से
तुम्हारे साथ मेरा होना क्या इसे कुछ सहज बनाता है।

भारत एक आँसू

आजकल मैं भूल गई हूँ सही रास्ते
जो सही लोगों या चीज़ों की तरफ़ जाते हैं
मसलन ख़ून का छितराया हुआ बड़ा धब्बा देखती हूँ
और पास जाने पर वहाँ कश्मीर मिलता है

क़तारें देखती हूँ कि ख़ुशी बँट रही होगी
और वहाँ एक-एक करके सौ से ज़्यादा लाशें गिर जाती हैं

आँख भर देखती हूँ अपना देश
और भारत एक आँसू बन जाता है
प्यास भर पानी के लिए हाथ बढ़ाती हूँ
समन्दर ऊपर ही चढ़ा आता है

जैसे मैं नींद की तलाश में चाय तक पहुँचती हूँ
चाय से ख़बरों तक
और ख़बरें फिर किसी तकलीफ़ का नाम बन जाती हैं
जो डॉक्टर बन के दवा दे रहा
वह दरअसल नेता का भतीजा है
और जो प्रेमी के वेश में है,
वह अपनी लेट हुई ट्रेन के इन्तज़ार में प्रेम गीत गाता है
चाँद भी आग के तीर रख आजकल
बाग़ को रोज झुलसाता है
उम्मीद रचने निकलती हूँ घर से
अचानक सूरज ही बुझ जाता है
सपने देखने के लिए लाइट ऑफ़ करती हूँ
और फिर आख़िरी जुगनू भी उड़ जाता है।

अब हम मौन रहेंगे

अब हम मौन रहेंगे
और सारी जिरहों को बदहवास कर देंगे
जब वो उकसाएँगे, भड़काएँगे, फेंकेंगे दहकते अंगारे
हम पानी के सोते बचाएँगे

पागलपन को देंगे थोड़ी-सी नींद

हम जिएँगे सहज ही
किनारे करेंगे मौक़ापरस्तों को
दुखों को बाहर उलीचेंगे
टूटी चीज़ों को एक पल नहीं रखेंगे भीतर

अब तय किया है
आग को पानी से ही बुझाएँगे।

यदि

यदि आपको जीवन में धोखा नहीं मिला
तो यह आपका गुण नहीं
बल्कि उन लोगों की कृपा है
जिन्होंने आपको बख़्श दिया

वरना धोखा
ज़िन्दगी में कभी न कभी हर किसी पर बेमौसम की बरसात की तरह टपका है
कभी सिर्फ़ भिगो कर गुज़रा है
कभी बाढ़ में बहा ले गया है

धोखे को लीगल नोटिस की तरह हल्के में लेना
ज़िन्दगी को लम्बे मुक़दमे में बदल सकता है
जिसका नतीजा बड़ी क़ैद हो या छोटी
जीवन का बड़ा हिस्सा
अँधेरों में गुज़ारने जैसा है

जिसे हम ब्रह्मांड की सबसे तेज़ रोशनी समझते रहे
उस सूर्य के अचानक ब्लैक होल में बदलने जैसा है
जिसके अगाध में आपका व्यक्तित्व निगल लिया जाना नियत हो

फिर भी यदि आप अब तक धोखे से बचे हैं
तो यह महज़ आपकी सावधानी नहीं
उन लोगों की कृपा है
जो अभी कहीं और छलने में ओवरलोड हुए पड़े हैं।

वसन्त

वसन्त आदमी का अपने होने से प्यार है
वसन्त हमारे अस्तित्व का प्यारा गहन स्वीकार है
वसन्त हमारे ज़िन्दा होने की गवाही है
वसन्त हर दुख से सुख की उगाही है

वसन्त यूँ उगता है चेतना के संसार में
जैसे धरती डूब गई हो सूरज के प्यार में

वसन्त हमारी अनकही अभिलाषा है
वसन्त बार-बार लगातार ज़िन्दगी की आशा है
वसन्त की लय बस यूँ ही बँधी रहे
ज़िन्दगी में भूख, गम, कष्ट से दूरी रहे
हर ग़म की लड़ाई का जवाब हो वसन्त
मेरे तुम्हारे मिलने का त्योहार हो वसन्त।

देश-देश

यह देश जो अपने खेतों में झूमता रहा
जंगलों में, बीहड़ों में, गाँवों में पलता रहा
कब उग आया कंक्रीट के कैक्टसों में
और डेढ़ सौ खम्भों वाली एक विशालकाय गोल इमारत में क़ैद हो गया

यह देश
क्रिकेट के भगवानों
सदी के महानायकों
आइडलों और आइकनों के चक्रव्यूह में
मासूम बच्चे-सा फँसा लिया गया

देश, देश तुम क्या हो?

मैं अपने पानियों में जाल बिछाए निहारता मछुआरा हूँ
अपने तटों पर पछाड़ खाता समन्दर हूँ

हिमालय से टूट कर ढहने को विवश किया गया
विशाल बर्फ़ीला चौराबारी का शोक हूँ
दंडकारण्य का साहसी चौड़ा सीना हूँ
अबूझमाड़ में धड़कता दिल हूँ

देश, देश तुम कहाँ हो?

मैं इस धरती की रक्तवाहिनियों में हूँ
नदियों में लहराता, झीलों में ठहरता
घने जंगलों की साँस हूँ

मैं लोहे का बना बस्तर हूँ
उड़ीसा के लाल कोयले की धधक रही आग हूँ
अथाह जलराशि में डूबने को मजबूर किया गया टिहरी हूँ
ख़रबों रुपये डकारने की बदनीयती से मरती गंगा हूँ
मैं इस सूखी धरती की प्यास हूँ
मैं बैलाडीला की ख़दान हूँ
जिस पर चढ़ बैठे हैं सभ्य सौदागर
जिनका मुँह मेरे बच्चों के लहू से सना है

मैं मानेसर का मान हूँ
जहाँ घना अँधेरा पोता जा रहा है
उत्तर-पूर्व का उपनिवेश हूँ
सात बहनों की पीड़ा भरी छटपटाहट हूँ
इरोम शर्मिला की आँखों से देखता हुआ लुटियंस की दिल्ली को
मैं जेल में गुमनाम दम तोड़ता हज़ार चौरासीवाँ हूँ
सबकी ख़ुशी के सपने देखने का अपराधी
दुस्साहसी मुस्कराता नौजवान हूँ

मैं अँधेरे के गीतों का दस्तावेज़ हूँ
दो हज़ार दो का जलता गुजरात हूँ
फिर भी मैं अशफ़ाक़ हूँ, भगत हूँ, सुखदेव हूँ
राजगुरु और आज़ाद हूँ

मैं जलियाँवाला की गोलियों की छलनी दीवार हूँ
मैं अपने बहादुर 'पाश' की अन्तिम हिचकी हूँ

देश, देश तुम क्यों हो?

मैं हूँ, क्योंकि तुम हो
तुम्हारी रोटी, तुम्हारे सम्मान का विस्तार हूँ मैं
मैं घर हूँ तुम्हारा, तुम्हें अपने सीने से लगाए
मैं हूँ पूरी दुनिया जैसा, दुनिया है मुझ-सी
मैं हूँ पेड़ की एक पत्ती, एक कली
इस दुनिया के जंगल की, बाग़ की

मैं हूँ उनमें जो मुझमें हैं
मेरी मिट्टी से बने, मेरी जड़ों पर खड़े

देश, देश तुम कैसे हो?

मैं आँसुओं का महाराग हूँ
सैंतालीस का टहकता दाग हूँ
भयानक परछाईं हूँ टूटे सपनों की
एतद्द्वारा का टुकड़ा-टुकड़ा संविधान हूँ
अमीरों के जबड़ों में फँसा
मांस का नरम, स्वादिष्ट, वैध स्वाद हूँ
जिसकी रेसिपी संविधान के किसी टुकड़े में दर्ज है

देश, देश तुम मेरी आँख में भर आया आँसू हो
मेरे सीने में उठी आह हो,
दर्द से सिकुड़ी मेरी पेशानी हो,
फिर भी मेरी तनी हुई रीढ़ हो,
फिर भी मेरा क्रोध से भिंचा जबड़ा हो,
गद्दारों की बदनीयती और साज़िशों से लड़ती मेरी उम्मीद हो,
मेरा गर्व हो,
चुनौतियों से टकराती मेरी जिजीविषा हो

देश, देश तुम मेरा प्यार हो!

अच्छे लोगों के विदा होने से पहले

अच्छा बोलने और करने वाले भी थकते हैं
मायूस होते हैं कभी-कभी
किसी पल उदास बहुत ज़्यादा
ठोकर खाते हैं फिर उठ जाते हैं
और रास्ते के पत्थर हटाते हैं

कभी-कभी अच्छे लोग भी हौसला खो बैठते हैं
आँखें बन्द कर लेते हैं
भीतर चले जाते हैं
बुरा होते देख मन कसैला करते पर बोलते नहीं अब हर बार

कभी तुम भी समझना अच्छे लोगों को
पहचानना, दोस्ती करना
इससे पहले कि मदद को आया हाथ गुम हो जाए
हाथ से हाथ मिला लेना

इससे पहले कि दिया बुझने लगे
उसमें थोड़ा तेल डाल देना
अच्छे लोग उदास हों लम्बे समय के लिए
कुछ गुलाब तुम भी उगा लेना

कुछ हौसले कुछ इरादे
इनकी पोटली बना लेना
ये अमानत कई पीढ़ियों तक जाती है
कुछ नए रास्ते बनाना भी संग साथ
कुछ नए ख़याल बसा लेना

अच्छे लोग विदा हों
इसके बहुत पहले तुम भी बन जाना एक हिस्सा
इस कड़ी का
रंगों, ख़ुशबुओं, चिड़ियों और इनसानियत की दुनिया को सहेज लेना
अच्छे लोगों के थकने और रुकने से पहले
ज़िन्दगी के सच्चे वारिस बन जाना।

इतिहास वीराना हुआ जाता है

उदास शाम पंख फैला रही है
रोशनियाँ केवल क़ब्रगाहों पर
जलती हैं समय से

नीले, पीले, लाल रंग मिलकर
विराट कालिमा में बदल रहे हैं
धू-धू जल रहे हैं जंगल

दावानल कहीं थमता ही नहीं
तेज़ाब की तरह उतरता है जिगर में
और दिल तड़प के धुआँ हुआ जाता है

शाम घिर रही है
इतिहास वीराना हुआ जाता है।

एक दुर्लभ हँसी

वह आसमानी शर्ट और गहरी नीली जींस में है
सुबह के सूरज में ताज़ा
धूप-सा चमकता

सामने रुका कोई मोटरसाइकिल पर
कुछ पल की बातें, बस खड़े-खड़े ही
उसी में उठा ठहाका

उसका हँसता चेहरा पूरा आसमान की ओर उठ गया
दूर तक गूँज गई कोई मज़ेदार चुटकी
इतना गहरा ठहाका आँखों में पानी बन छलक गया

सिर नीचे करते हुए उसने
आँख में आया पानी पोंछा

मोटरसाइकिल वाला साथी भी हँसता हुआ चला गया
गन्तव्य को
आसमानी शर्ट वाला भी मुड़ गया

एक दुर्लभ हँसी
मैंने कब से नहीं सुनी
आज मन तृप्त हुआ जैसे।

आप तो नहीं हैं चूहा

आप सोचते हैं कि चूहे के पर कतरे गए हैं
और आप तो हैं नहीं चूहा
चूहा तो छोड़िए आप चूहे के रिश्तेदारों में भी दूर-दूर तक नहीं हैं

लेकिन बात यह है ना कि शेर की निगाह में
आप चूहे से ज़्यादा भी नहीं हैं
तो यह जो आपके बहुत तेज़ दाँत हैं ना
और यह जो बहुत पैनी निगाह है
और यह जो ढुकढुक तेज़ चाल है
और जो भी आपका तथाकथित शातिरपना है
शेर की निगाहों में वह थोथा चना है

वह जो उस चूहे के दाँत तोड़े गए ना
वह जो उस को चूहेदानी में फँसाया गया ना
वह जो चूहेमार दवा डाली गई ना
बात यह है कि उनको दाँत तोड़ना आता है
उनको चूहेदानी में फँसाना भी आता है
और ज़हर देकर मारना भी आता है

बस यही बात आपके भी ख़िलाफ़ जाती है
आपको लगता है ना आप चूहा नहीं हैं
लेकिन आप मगरमच्छ भी तो नहीं हैं

आप चूहे के फँसने पर हँसना सीख गए
चूहे की कमज़ोरी पर चुटकुले बनाने लगे

और यह भूल गए कि शेर को आपने सारे अधिकार दे दिए हैं
शेर के मुँह ख़ून जन्मजात लग चुका है

आपको लगता है ना कि शेर राजा बनेगा
तो जंगल सुधर जाएगा
और हम कह रहे हैं जंगल उजड़ जाएगा

शेर का पेट चूहों से नहीं भरता
वह किसी से रिश्तेदारी नहीं करता
शेर का एक ही उसूल है
वहाँ केवल ताक़त का रूल है
उसके सामने सिर्फ़ एक बात चलती है
कुबूल है कुबूल है

अगर यह केवल चूहे और शेर की कहानी होती तो कितना अच्छा होता
अभी अच्छा सिर्फ़ यह है कि यह कहानी अधूरी है
आगे क्या होगा कैसे होगा
करनी आप ही को पूरी है।

चिनुआ अचेबे के नाम

शिकारियों के इतिहास में हिरणों की वीरता के गीत नहीं गाए जाएँगे
वे आएँगे, जाल बिछाएँगे,
झूठ और भ्रम बोएँगे
छिप कर निशाना लगाएँगे

मारेंगे, छीनेंगे, हत्याएँ करेंगे और विजय गीत गाएँगे
वीर विजेता कहलाएँगे

हिरण जाएँगे जान से
ठगे जाएँगे
घायल किए जाएँगे पीढ़ियों से
इतिहास में साबित होंगे सर्वोत्तम शिकार

मुलायम मांस और अलबेली खाल वाले
मासूम, सुन्दर, चितचोर
अपनी हत्या के लिए ख़ुद ही दोषी
क़रार दिए जाएँगे

हिरण जब भी दायर करेंगे मुकदमा शिकारियों के ख़िलाफ़
बदतमीज़, नाकारा, विकास विरोधी कहे जाएँगे।

आरे के पेड़ कटते हैं

1

आरे के पेड़ कटते हैं
अमेजन के जंगल जलते हैं

पेड़ कटते हैं
सारे जीव बिलख उठते हैं
नन्ही गिलहरियाँ रोती हैं
तितलियाँ रोती हैं
चींटियाँ पेड़ों के शवों पर बिछ जाती हैं
पंछी कातर रुदन करते हैं

एक पेड़ कटता है
धरती कराहती है

एक पेड़ कटता है
सौ बरस का इतिहास कटता है
पानी कटता है
शर्म कटती है
विवेक कटता है
प्यार कटता है

एक पेड़ कटता है
एक के पीछे एक चलते हैं दस ट्रक
एक पेड़ को लादे

देखो एक पेड़ की शवयात्रा जा रही है
उसके ठीक पीछे हम हैं
जाने कब के मर चुके
हमारी सड़न से बहुत बुरी गन्ध आ रही है।

2

आरे के पेड़ कटते हैं
अमेज़न के जंगल जलते हैं

मनुष्यता के आख़िरी पायदान पर
खड़ी
हम मनु की सन्तानें प्रलय को पुकारती हैं

वही है हमारा अभीष्ट
हम जहाँ से बचा कर लाए गए
नूह की कश्ती से फेंक रहे हैं हम एक एक लहर पर एक एक जीवन
एक-एक प्रजाति
चौरासी लाख योनियों वाले हम महारथी
बाक़ी रखेंगे सिर्फ़ चौरासी योनियाँ
हम मार-काट के धुरन्धर
हम भस्मासुर अभिशप्त हैं विनाश के वरदान से
कि हम जो छुएँगे वह राख में बदल जाएगा

हम रक्तबीज
हम संहारक
स्वर्ग की सीढ़ियों को उलटकर
नरक में उतरने को व्याकुल

हम विध्वंस के स्वामी
प्रगति की ट्रेन अपने सीनों पर चलाते हैं
सबसे बड़े विनाशक को हम शक्तिमान की पदवी देते हैं

हम अहंकारी, चाँद-सूरज को रौंदने को विक्षिप्त
नदी, पहाड़ों, जंगलों, हवा, पानी के ख़िलाफ़ खड़े हैं पूरी ताक़त से

और हम भस्मासुर पर हँसते हैं!

स्वर्ग की सीढ़ी

एक दिन
देवता स्वर्ग लोक को उड़ जाएँगे
दानव उनके लिए स्वर्ग की सीढ़ी बनाएँगे

स्वर्ग में पानी खोजेंगे
वनस्पतियाँ उगाएँगे

दानव जाने कब से जुटे हैं प्रयोगशालाओं में
अन्तरिक्ष में रहने सहने का माहौल बनाते

देवलोग हैं सुन्दर, नाज़ुक, गोरे-चिट्टे
कुबेर से भी बड़ा ख़जाना लिये
पृथ्वी को दावानल के हवाले कर
एक दिन मंगल और शुक्र पर बस जाएँगे

नीचे रहेगी नर्क की आग
देवताओं की कहानी कभी यह नहीं बताती
कि स्वर्ग किसने रचा था
और नर्क बनाया किसने था

नीचे पचास डिग्री पर जलती भट्टी में तपेंगे दानव
ऊपर देव मन होगा तो स्वर्ग से जल बरसाएँगे
इच्छा होगी तो यज्ञ में होम करेंगे धरती
कल्पवृक्ष और कामधेनु स्वर्ग में बसाएँगे

जब लीला का मन होगा
कोई गांधी सरोवर बम की तरह फटेगा
देव उसे देख आँसू बहाएँगे
विमान से आएँगे और मृतकों पर पुष्प बरसाएँगे

लिटिल बॉय और फैट मैन देवताओं के पटाखे हैं
आतिशबाजी है दावानल
सोने-हीरे की चमक से आँखें खोलते देव
सुरा सुन्दरियों में अपने दुख को भुलाएँगे

दानव इस बार भी मन्थन में बहाएँगे पसीना
राहु-केतु-सा कटेंगे
मोहिनी इस बार भी देगी धोखा
और देव अमृत लेकर स्वर्ग को उड़ जाएँगे

दानव करेंगे दम भर मेहनत
देवता फिर छल दिखाएँगे

कोई तो पूछे आख़िर
स्वर्ग की सीढ़ी की ज़रूरत क्या है?

तनिष्क के लिए

इतना हरा जितनी धरती की सारी हरियाली
रिमझिम बारिशें अपनी उम्र की सारी
नमक सारा जितना मेरे हृदय के सागर में

मुस्कानें, जितना शहद इस दुनिया में
रंग, जितने बनाए तितलियों ने
आवाज़ें, जितनी विंड चाइम्स बज रही हों नन्ही धुनों में

सुख, जैसे सामने उगता सूर्य
नेह, जैसे आकाश भर चाँद
और दुनिया का सबसे गहन स्पर्श

मैं तुम्हें देती हूँ।

जीवन नृत्य

जीवन नृत्य चल रहा हो जैसे
सारे साज बज उठे हों
धुन ने अपना अमर राग चुन लिया
वो समन्दर भी ज्वार की
सिहरन से भर रहा

शरद पूर्णिमा में तो सुना था
पर उसके अलावा भी ऐसी रातें होती हैं
जब अमृत के प्याले छलकते हैं
जादू एक गहरी नीलिमा की चादर फैला देता है
दुनिया की नज़रों पर

जब तारे चमकते हैं बन्द आँखों में
सब कुछ इतना साफ़ दिखता है मुँदी पलकों से
इतना गहन स्पर्श बिना छुए

इतनी सारी बातें बिना बोले
धरती पर एक रात ऐसी आती है शरद पूर्णिमा के बिना भी
जब आकाश अपने सारे तिलिस्म के साथ धरती पर छा जाता है
और बारिशों के ठंडे झोंके प्रेम धुन गाते हैं।

अमर होने की ख़्वाहिश

जब कुछ सम्भव न हो पाए
तो बस एक काम करना
तुम प्रेम को स्मृति में रखना
स्मृतियों को प्रेमिल रखना
नमी बचाए रखना
आँखों में
हृदय में
और जीवन में

जब कुछ सम्भव न हो
हृदय को भर आने देना
गला रुँधने देना
दृश्यों को धुँधलके में देखना

यूँ
मनुष्य होना बचाए रखना
मनुष्यता में प्रेम बचा लेना
प्रेम में मुझे

यह मेरे अमर होने की ख़्वाहिश है
तुम में।

मेरे युवा होते बच्चो

मेरे युवा होते बच्चो
दुनिया की बेपनाह ख़ूबसूरती देखते हुए
अपनी आँख में बचाए रखना थोड़ा-सा पानी

दुनिया का सबसे अच्छा खेल खेलते हुए
दिमाग़ के सारे सन्तुलन से राजाओं के खेल ज़रूर समझना
जहाँ पैदल रोज़ मारे जाते हैं

अपनी मनपसन्द डिश का स्वाद लेते हुए
सोचना
कि कैसे भूख इनसान को कीड़े-मकोड़े में तब्दील कर देती है

अपना मगन कर देने वाला संगीत सुनते
तुम थोड़ी-सी श्रवण शक्ति बचाना
उन मासूम कराहों और आहों के लिए
जिन्हें हर मुमकिन दबाया जा रहा है

अपने प्यार-दुलार का थोड़ा-सा हिस्सा
इस धरती की गिलहरियों और गौरैयों को ज़रूर देना

रोओ जब कभी प्रेमी या प्रेमिका की उपेक्षा से व्यथित होकर
थोड़े आँसू हमारे बहादुर मृतकों पर भी बहाना
कि उनकी आत्माएँ अभी तक तुम्हारे नमक के इन्तज़ार में हैं

मेरे बच्चो
दुनिया अभी पूरी बनी नहीं

बदली नहीं
लहू की नदियों के सिरहाने
तुम्हें भी पता करने होंगे
गुलाब रोपने के लिए धरती की गुड़ाई तुम्हें करनी है

बम, बारूद और हथियारों से बिंधी धरती के काँटे निकालने हैं
अन्याय पालकों को दंडित करना है
ईश्वर को दिखानी है उसकी सही जगह
और ज़िन्दगी को सिंहासन देना है

मेरे बच्चो
अभी खेलते हुए फुटबॉल, रग्बी, क्रिकेट
उन लाखों बच्चों के बारे में ज़रूर सोचना
जो पत्थरों और बमों से खेलने को मजबूर किए जाते हैं
अपनी मासूम उम्र में किताब की जगह वे पढ़ते हैं मौत
और प्रेमिका से पहले उसे ही गले लगाते हैं

बच्चो
बुरा होते देखो तो ज़रूर चिल्लाना, चीख़ना, रोकना, लड़ना
बुरा देखने की आदत मत डालना
आग के बगल से पानी-सा गुज़रना
हैवानियत को अपनी एकता से चुनौती देना

बच्चो
तुम हो तो मासूमियत है
दर्द का प्रतिकार है
जीने की इच्छा है
दुनिया तुमसे ही गुलज़ार है

थोड़ा पानी, थोड़ी हँसी, और मुस्कान
बचा के रखना हमेशा
और जब कुछ न कर पाओ जुल्म के ख़िलाफ़
तो ज़िद भर चीख़ के रोना!!

ई-चिट्ठियाँ

कुछ चिट्ठियाँ पते पर जाएँगी
इनमें से कुछ पढ़ी जाएँगी
कई गुना ज़्यादा होंगी वे चिट्ठियाँ
जो कभी भेजी ही नहीं जाएँगी गंतव्य को
वे ई-मेल के तहखाने में पड़ी
अमरता का अभिशाप जिएँगी

जो बहुत कम पढ़ी जाएँगी
उनमें भी कितनी कम समझी जाएँगी
उससे भी कम पहुँचेंगी उस हृदय तक
जिसके लिए सावन भादों की प्रलय उतरी होगी
प्रलय में बह गया होगा सब कुछ
सिवाय दुख के
और चिट्ठियाँ, उनका क्या
जो डूबा ही नहीं वह कैसे ऊपर आएगा
जिसने पकड़ा ही नहीं वह छोड़ेगा कैसे
चिट्ठियों के जवाब में आएँगे बेरंग उदास सपने

चिट्ठियाँ मनुष्य का हृदय हैं
जिन्हें वह एकान्त के लहू से सींचता है
जिसने दुख जिया हो
वह चिट्ठियों के लोहित हृदय की धड़कनें सुनता है

जिसने सिर्फ़ अपना सुख जिया हो
वह चिट्ठियों को स्क्रॉल करता है
और अपने जीते हुए पदकों के बक्से में डाल देता है

चिट्ठियाँ जुड़ाव हैं
शिकायतें हैं
सवाल हैं
जब शब्द नहीं सुने जा रहे हों
तब चिट्ठियाँ उनकी जगह लेती हैं

चिट्ठियाँ विनम्रता के साथ अड़ जाती हैं
उनमें प्रेषक की उनींदी आँखें बसती हैं
वे व्याकुल पंछी-सी टकटकी बाँधे देखती रहती हैं
पाने वाले को
एक अदद जवाब की ख़ातिर।

बेतुके सपने

कुछ सपने अधूरे भी छूटने ही चाहिए
कि जीने की वजह मिल सके

कुछ सपने हों आँख की किरकिरी
कि न सोने दें न जगने दें

कुछ सपने छूटे रहें चाँद पर
और निगाहें बस दूधिया डोर पर अटकी रहें

कुछ सपने मेरे रहें तुम्हारी आँख में
और चाँद रात का सफ़र कभी ख़त्म न हो

एक दिन सारी वाहियात इच्छाओं के फूल
क़ब्र से निकालें
और आसमान में फैला दें
तुम्हारे साथ बस कुछ सौ बरस की ईवनिंग वॉक हो
और उस शाम में अमलतास और गुलमोहर घुले-बसे हों

एक ऐसे समय में जब जंगलों के जलने में लहू की गन्ध आ रही हो
जब किसी को कभी भी उठाया जा सकता हो
जब वक़्त भूख हड़ताल पर बैठा हो
और दाह होती हो समूची धरती निर्जला

ऐसे बेतुके सपने क्यों आते हैं!

आदमी को पुल होना चाहिए

आदमी को पुल होना चाहिए
होने को तो नदी भी हुआ जा सकता है
और नाव भी
किनारे लगाने वाली लहर भी

जो भी हो
आदमी को साँस होना चाहिए

ऊष्मा से भरा दिन हुआ जा सकता है
ठंड की नरम भाप भी
सवेरे की मीठी ओस भी

आदमी को भरोसे की आवाज़ होना चाहिए।

डेप्रान एक प्रेम का नाम है

डेप्रान एक प्रेम का नाम है
उगते सूर्य की पीली-नारंगी रंगत की नन्ही गोली

लहू में उतरती है
और दिल को सहला देती है
धड़कनें रात का इन्तज़ार करती हैं
यह प्रेमी से मिलने का वक़्त है

डेप्रान की जादुई उँगलियाँ बालों को सहलाती हैं
माथा चूमती हैं
आँखें बन्द होती जाती हैं
स्नायुतंत्र ढीला होता जाता है
और शरीर जकड़न से मुक्त

मैं चलती हूँ दीवार के सहारे
मुस्कराती हुई
लड़खड़ाती हुई
प्रेम गिरने नहीं देता
बस गिरने-गिरने जैसा आभास देता है

प्रेम का रंग नारंगी पीला है
सुदर्शन, कोमल
प्रेम का रंग सुन्दर सपनों से भरी नींद का है
प्रेम का रंग सुबह की रहस्य भरी मुस्कान का है

आप कहते हैं डेप्रान आदी बनाता है

और प्रेम क्या करता है?

आप कहते हैं ये सब रूमान है
और प्रेम क्या है?

आप कहते हैं एक दिन यह नशा उतर जाएगा
और प्रेम का?

आप कहते हैं ख़ुद जीना सीखो
डेप्रान के भरोसे नहीं

मैं भी यही कहती हूँ
प्रेम एक कमज़ोर सहारा है

ख़ुद जीना सीखो!

मुझे तुमसे बात करनी है

जब मैंने कहा था कि मुझे तुमसे बात करनी है
तब मैं तुमसे एक टूटे हुए तारे के बारे में बात करना चाहती थी

दरअसल वह टूटा था अलस्सुबह ही
तभी मैंने तुम्हें मैसेज किया था
या शायद मैसेज और उसका टूटना एक साथ हुआ हो

इतना बड़ा आकाश अचानक जब ख़ाली लगा
दिल ने छोड़ दीं कई धड़कनें एक साथ
दुनिया जैसे ख़त्म-सी होती लगी या फिर से शुरू
तो मैं घबराई थी
तब सन्देश दिया था कि मुझे तुमसे बात करनी है

ज़िन्दगी जब छोटी लगी थी
और मृत्यु बड़ी
बारिशें अचानक गले से ऊपर भर आईं
आँखों के पनाले होने लगे तर
तब मैंने कहा था मुझे तुमसे बात करनी है

तारों की दुनिया से थोड़ा-बहुत साबका है मेरा
इससे पहले भी टूटे हैं तारे
और हर बार धरती के बाँध भी उफने हैं
इस बार तो बात कुछ अलग-सी थी
तारों की दुनिया अब अपरिचित नहीं लग रही
कि जाऊँगी वहाँ तो
अब बोरियत नहीं होगी

कोई नई जान पहचान नहीं करनी
सब मिलेंगे वहीं

लेकिन उसके पहले का सन्नाटा
निर्वात, शून्य सघन
निगाहों के अन्तिम छोर तक
कोई प्रतिध्वनि तक नहीं

तब किया था तुम्हें मैसेज
कि मुझे तुमसे बात करनी है।

बारिशें धरती का बार-बार लौटता प्यार होती हैं

यह जो बरसात हो रही है
यहीं कहीं मेरा बचपन बसता है
पानी से लबालब भरे तेज़ी से दौड़ते पारदर्शी नाले
हमारी काग़ज़ की नावों को ले जाने की जल्दी में, भागमभाग-सी मची
है नावों के रेले में

यहीं पास से गुज़र जाती है कोई गाड़ी
हरहरा के गिरता-पड़ता, फिसलता, दौड़ता-भागता है पानी रेलमपेल
जाने कौन प्रेमिका से मिलने
धरती से आसमान तक लम्बी
जो ये पनीली डोरियाँ तनी हैं झालरों-सी झिलमिलाती
जाने किस प्रिय के आने की ख़ुशी में जलतरंग-सी बजती है
जलेबियों के लच्छे छनते हैं धरती के असंख्य नन्हे बड़े नदियों पोखरों
तालाबों में
यहाँ तक कि मेरे कच्चे आँगन में
जादू की बिजलियाँ-सी भरी हैं हर कोने-अँतरे

उस पल जैसे मेरे भीतर के जल में
हिलोरें उठती हैं
अन्दर और बाहर होती है एक सी हलचल, एक सा तूफ़ान, एक सी गर्जना
भीतर तक भर जाती है बारिश

बारिशें दुखों को बहाती हैं
दर्द पर मलहम लगाती हैं
पानी का रास्ता न रोको तो
बारिशें आम तौर पर नहीं बरपाती कहर

नीम के पेड़ से झरती लाखोंलाख बूँदें
प्यार की नन्ही कलियों-सी रोम-रोम में बरसती हैं

सुनो
मेरा बचपन बसता है इस बरसात में
सपने झिलमिलाते हैं इन लम्बी-लम्बी टूटती-बनती डोरियों में
सुबह की, दोपहर की, रात की, आधी रात की
बारिशें सुरमई अँधेरे का जादू होती हैं
बारिशें अधखुली नींद का सपना होती हैं

बारिशें धरती का बार-बार लौटता प्यार होती हैं
मेरा जीवन बसता है इस बरसात में।

वह मौसम बहुत अच्छा था

वह मौसम बहुत अच्छा था
बहुत सुन्दर
इतना कि उस दिन मैंने चटक मैजेंटा ट्राई किया
वह भी मौसम से बराबरी नहीं कर पा रहा था

हल्के मटमैले रंग की ड्रेस जिस पर काली और पिंक धारियाँ थीं
और जिसका गला काले नेट का बना था
मौसम पर मुकुट की तरह फब रही थी
वो इतना सुन्दर मौसम था
कि मेरे छोटे बाल आबनूसी रंग के रेशम की तरह चमक रहे थे

बाल उड़ रहे थे और ख़ुशी से बावले हो कर बार-बार गाल छू रहे थे
चेहरा ऐसे दमक रहा था जैसे कोई कारूँ का ख़जाना ही मिल गया हो
हालाँकि कारूँ का ख़जाना क्या है वह मुझे आज तक नहीं पता
मौसम बहुत सुन्दर था

सूरज की चौंध रही होगी कोई अड़तालीस डिग्री की
एक ऐसे रंग का चश्मा चढ़ा था आँखों पर
जिसके बाद धूप भी गुलाबी हो गई थी
सड़क पर पूरी तरह सन्नाटा था

कैलेंडर में यह समय मई-जून के नाम से दर्ज था
भरी दोपहरी में बहती नदी में अठखेलियाँ करता सूरज था
और साथ में असंख्य तारे खिले हुए थे
इतनी चमक वाले कि नदी पर आँख ठहरना मुश्किल

रेत भी ग़ज़ब चाँदी से भरी
जैसे किसी ने करोड़ों नन्हे हीरे तराश के छोड़ दिए हो

दिन बहुत सुन्दर था
धूल-मिट्टी उड़ रही थी और चेहरे को छूकर फिसल जा रही थी

मौसम इतना सुन्दर था और जगह इतनी मनमोहक
कि अड़तालीस डिग्री की दोपहर
अपने गुलाबीपन में बहुत तेज़ी से बीत रही थी
गरम लू के थपेड़े हमारे ऊपर ठंडी हवा के कोमल फाहों जैसे गिर रहे थे

हम साथ थे।

नींद आती है मैं नहीं सोती

नींद आती है मैं नहीं सोती
भारी आँखों से ख़्वाब तकती हूँ
गहरे-गहरे भँवर उतरती हूँ
रात के तीन पहर बीत चुके
मैं अभी रेल की घड़ी पे टिकी
उसकी आँखों के राग पढ़ती हूँ

इक मुसाफ़िर कहीं से आया है
इक मुसाफ़िर कहीं को जाएगा
वो जो आया था, जो रुका भी नहीं
बस उसी एक लम्हे में ही कहीं
सीढ़ियाँ ज़िन्दगी की चढ़ती हूँ

थोड़ा मद्धम था, नूर था फिर भी
वह किसी का ग़ुरूर था, फिर भी
सुबह से शाम कब तमाम हुई
वह मेरी ज़द से दूर था, फिर भी
उस की गहराई में उतरती हूँ

नींद आती है, मैं नहीं सोती।

आज की रात

आज की रात यूँ ही चुपचाप नहीं गुज़रेगी,
उम्मीदें महकेंगी, खुलकर दिए रोशन होंगे,
आज की रात किसी दिल में उठेगी फिर आह,
फिर किसी ज़ख़्म पर सौ तरह के मरहम होंगे

आज की रात को यूँ देख के मायूस न हो,
कि यहाँ तीरगी की कोई जगह बाक़ी नहीं!
हम तो ले आए हैं दो बाँहों में इतनी ख़ुशियाँ,
कि किसी ग़म, किसी नौहे की जगह बाक़ी नहीं!

आज की रात हरेक ज़ुल्म पे भारी होगी,
आज की रात उदासी के किले ढाएँगे
आज की रात बिखेरेगी तबस्सुम हर ओर
आज की रात नए ख़्वाब गढ़े जाएँगे।

ख़ूबसूरत घरों में

ख़ूबसूरत घर
बन जाते हैं ख़ूबसूरत औरतों की क़ब्रगाह

ख़ूबसूरत घरों में
उड़ेल दी जाती हैं ख़ुशबुएँ
हज़ारों-हज़ार मृत इच्छाओं की बेचैन
गन्ध पर

क़रीने से सजे सामानों में
दफ़न हो जाती हैं तितलियाँ

सब कुछ चमकता है
ख़ूबसूरत घरों में
औरतों की आँखों के अलाव से।

मैं हूँ मानवी

मैं हूँ
समर्पण हैं समझौते हैं
तुम हो बहुत क़रीब

मैं हूँ
हँसी है, ख़ुशी है
और तुम हो नज़दीक ही

मैं हूँ
दर्द हैं आँसू हैं
तुम कहीं नहीं

मैं हूँ मानवी
ओ सभ्य पुरुष।

ग़लती वहीं हुई थी

तुम्हारे अँधेरे मेरे ताक में हैं
और मेरे हिस्से के उजाले
तुम्हारी गिरफ़्त में

हाँ!
ग़लती वहीं हुई थी
जब मैंने कहा
तुम मुझको चाँद ला के दो

और मेरे चाँद पर मालिकाना तुम्हारा हो गया।

जिस्म ही नहीं हूँ मैं

जिस्म ही नहीं हूँ मैं
कि पिघल जाऊँ
तुम्हारी वासना की आग में

क्षणिक उत्तेजना के लाल डोरे
नहीं तैरते मेरी आँखों में
काव्यात्मक दग्धता ही नहीं मचलती
हर वक़्त मेरे होंठों पर

बल्कि मेरे समय की सबसे मज़बूत माँग रहती है

मैं भी वाहक हूँ
उसी संघर्षमयी परम्परा की
जो रचती है इनसानियत की बुनियाद

मुझमें तलाश मत करो
एक आदर्श पत्नी
एक शरीर बिस्तर के लिए
एक मशीन वंश वृद्धि के लिए
एक गुलाम परिवार के लिए

मैं तुम्हारी साथी हूँ
हर मोर्चे पर तुम्हारी संगिनी
शरीर के स्तर से उठकर
वैचारिक भूमि पर एक हों हम

हमारे बीच का मुद्दा हमारा स्पर्श ही नहीं
समाज पर बहस भी होगी

मैं क़द्र करती हूँ संघर्ष में
तुम्हारी भागीदारी की
दुनिया के चन्द ठेकेदारों को
बनाने वाली व्यवस्था की विद्रोही हूँ मैं
नारीत्व की बन्दिशों का
क़ैदी नहीं व्यक्तित्व मेरा

इसीलिए मेरे दोस्त
खरी नहीं उतरती मैं
इन सामाजिक परिभाषाओं में

मैं आवाज़ हूँ पीड़कों के ख़िलाफ़
मैंने पकड़ा है तुम्हारा हाथ
कि और अधिक मज़बूत हों हम

आँखें भावुक प्रेम ही नहीं दर्शातीं
शोषण के विरुद्ध जंग की चिनगारियाँ
भी बरसाती हैं

होंठ प्रेमिका को चूमते ही नहीं
क्रान्तिगीत भी गाते हैं
युद्ध का बिगुल भी बजाते हैं

बाँहों में आलिंगन ही नहीं होता
दुश्मनों की हड्डियाँ भी चरमराती हैं
सीने में प्रेम का उफ़ान ही नहीं
विद्रोह का तूफ़ान भी उठता है

आओ हम लड़ें एक साथ
अपने दुश्मनों से
कि आगे से कभी लड़ाई न हो
एक साथ बढ़ें अपनी मंज़िल की ओर
जिस्म की शक्ल में नहीं
विचारधारा बनकर।

इन दिनों

एक जंगल-सा उग आया है
मेरे भीतर
इन दिनों

वहाँ रास्ते नहीं
पगडंडियाँ नहीं
कोई जाने-पहचाने निशां नहीं

कोई जल्दी नहीं
बेख़बर है यह दुनिया
समय की हलचलों से

चाँद उग आया है यहाँ
उल्टा होकर।

ज़िन्दगी के चाक से एक मूरत उतर जाती है

उस पल जब कोई स्त्री गुज़रती है तुम्हारे ठीक सामने से
क्या पढ़ पाते हो कि वह ज़िन्दगी के अन्तिम छोर से गुज़री है

सीता ही नहीं थी अन्तिम शिकार प्रेम का
सुना उसके बाद कोई द्रौपदी भी हुई,
फिर कोई मीरा भी

कुछ लहू के घूँट पीती रहीं
कुछ ने पिया विष का प्याला
कुछ गईं पाताल
कुछ चढ़ गईं सीधे स्वर्ग को उर्वशी की तरह

उस पल जब कोई स्त्री गुज़रती है बिलकुल शान्त
गहमागहमी में विचरती अपने ही भीतर
गहरी साँसें लेती ऐसे जैसे हवा हो ही न बिलकुल
कौन समझ ही पाता है
कि प्रेम की अन्तिम परिणति बस अब आ ही चुकी है

गहरी स्त्री सलीक़े से छोड़ती है पृथ्वी
जैसे वह माँ का गर्भ का छोड़ती है
पृथ्वी ही कराहती है इस बार
स्त्री सौंप देती है अपना हृदय और आँखें
अपनी माँ को
अपनी बेटी को

और ज़िन्दगी के चाक से एक मूरत उतर जाती है।

जब घर बाहर जाएगा

मैं ऐसे सोचती थी
कि घर कभी ख़ाली नहीं होते

मैं सोचती थी
कि जब आप नींद से भरे
लुढ़कने लगो
तो घर आपको बाँहों में थाम बिस्तर तक ले ही जाएगा
जब रात में दो बजे भूख लगेगी
तो घर पराँठे बनाएगा, प्यार से खिलाएगा

जब माँ की याद आएगी
तो घर कन्धा देगा, साथ में आँसू बहाएगा
जब ज़रूरत नहीं भी होगी नए पर्दों और कुशन की
घर ख़ुशियाँ बोएगा मुस्कान उगाएगा

घर हरारत बन जाएगा सर्दियों में
कम्बल ओढ़ाएगा
रात भर दबाएगा दर्द से बोझिल कमर
ज़रा-सी छींक आएगी
तुलसी अदरक लाएगा
काढ़ा पिलाएगा
फल और दूध देगा मेवे से भरकर
लहसुन पसन्द नहीं फिर भी लड़कर खिलाएगा

घर मेहमानों को बुलाएगा मनुहार से
प्यारा मेज़बान बन जाएगा

चिली पनीर पकाएगा, पूड़ियाँ छानेगा
एक पुरानी सी बाइक पर घर घूमेगा शहर भर
लड़ेगा, भिड़ेगा, नाराज़ होकर जाएगा बाहर
कन्धे पर टँगे खाकी पिट्ठू में चॉकलेट लेकर वापस आएगा

एक दिन बातें करते-करते घर
हमेशा के लिए घर से बाहर चला जाएगा
और मैं सोचती रहूँगी
घर कभी ख़ाली नहीं होते
एक दिन नींद आएगी और आप कभी सोएँगे ही नहीं
घर कभी अकेले नहीं जाएगा।

एक दिन हमने खेल किया था

एक दिन हमने खेल किया था
आग जली थी

एक दिन हमने खेल किया था
नदी बही थी

एक दिन हमने खेल किया था
आग को हमने नदी के घर में घुसा दिया था

नदी को हमने आग के दर पे खड़ा किया था

एक दिन हमने खेल किया था
फूल झरे थे
दुनिया की एक मीठी सी सौगात चुनी थी
हाथ में लेके हाथ कैक्टस दूर किए थे
गुलाबों को बोया था
खिला था रजनीगन्धा
दोस्त मिले थे, मुस्काए थे

एक दिन हमने खेल किया था
आँसू पोंछे, हँसी बिखेरी
जिस दिन तुम सूरज लाए थे

एक दिन हमने खेल किया था
फूल आग में बदल दिए सब
और समन्दर चढ़ आया सुनामी बन के

मैं बस एकटक देख रही थी
भरी आँख से
तुमने कैसा खेल किया था

खेल का साथी बदल लिया था।

रानी कौआ हँकनी

इन साठ दिनों के लिए
मेरे पास साठ कहानियाँ और कविताएँ हैं
कहानी ख़त्म करने को
जैसा आप सब जानते ही हैं
राजा-रानी दोनों मरते हैं

पुरानी कहानी के राजा के पास बड़ी रानी थी
फिर मँझली
फिर कोई छोटी रानी
कोई रानी षड्यंत्र बुनती थी
कोई रानी कौआ हँकनी बनती थी
इस बार किसी रानी को कौआ नहीं हाँकना

इस बार राज में दखल का मानपत्र लेकर आई है रानियाँ
रानियाँ अब कोप भवन में नहीं जातीं
तिरियाचरित्तर नहीं रचतीं
वे अपने लिए महल नहीं चाहतीं
रानियाँ अब ख़ुद भी युद्ध और कूटनीति सीखती हैं

इस बार रानियाँ पुत्र प्रसूताएँ ही नहीं होंगी
वे जनेंगी सन्तान अपनी
इस बार देखते जाइए
राजा-रानी को मरना नहीं होगा

राजा हज़ार बहाने बनाकर हरम नहीं भरेगा
इस बार कोई रानी कौआ हँकनी नहीं बनेगी

इस बार राजा ख़ुद भगाएगा कौए
रानियाँ हँसेंगी राजा की लोलुपता पर
उसके षड्यंत्र खोलेंगी मिलकर
इस बार राज्य षड्यंत्र का नहीं
न्याय का साक्षी बनेगा।

औरतें

1

कहाँ हैं औरतें?
ज़िन्दगी को रेशा-रेशा उधेड़तीं
वक़्त की चमकीली सलाइयों में
अपने ख़्वाबों के फन्दे डालतीं
घायल उँगलियों को तेज़ी से चला रही हैं औरतें

एक रात में समूचा युग पार करतीं
हाँफती हैं वे
लाल तारे से लेती हैं थोड़ी-सी ऊर्जा

फिर एक युग की यात्रा के लिए
तैयार हो रही हैं औरतें

अपने दुखों की मोटी नकाब को
तीखी निगाहों से भेदतीं
वे हैं कुलाँचें मारने की फ़िराक़ में

ओह, सूर्य किरनों को पकड़ रही हैं औरतें

2

औरतों ने अपने तन का
सारा नमक और रक्त
इकट्ठा किया अपनी आँखों में

और हर दुख को दिया
उसमें हिस्सा

हज़ारों सालों में बनाया एक मृत सागर
आँसुओं ने क़तरा-क़तरा जुड़कर
कुछ नहीं डूबा जिसमें

औरत के सपनों और उम्मीदों
के सिवाय।

एक दिन बेटियाँ

माँ
काश सब बेटियों की माँएँ हों बिलकुल तुम-सी
बेटी की बला ले लें अपने ऊपर

उसके ख़ौफ़, उसकी पाबन्दियाँ, उसके पहरे
सब बदल जाएँ
घने प्रेम और विश्वास में

कहें बेटियों से
कन्धे सीधे रखो
और सर ऊँचा
नाज़ुक नहीं मजबूत बनो

बेटियाँ पतंग नहीं होतीं न
बेटियाँ वर्तमान होती हैं
बेटियाँ भविष्य होती हैं
और
बेटियों का भी होता है
वर्तमान और भविष्य

एक दिन बेटियाँ
हो जाती हैं माँ भी
तुम्हारी जैसी बेटियों की

तुम्हारी जैसी माँ।

माँ मैं बहुत उदास हूँ

माँ मैं बहुत उदास हूँ
तुमने हमारे लिए ज़िन्दगी बुनी
उसमें डाले अलबेले सपनों के ख़ूबसूरत डिज़ाइन
आँखों में चुपके से रख दिए
प्यारी इच्छाओं के जुगनू
और चुपचाप सोखती रहीं हमारे दुख

हम कुछ नहीं कर पाए माँ तुम्हारे लिए
कुछ भी नहीं
ज़िन्दगी के फन्दे उधड़ रहे हैं
और हम विवश थामे हैं उसका छोर
देख रहे हैं पीली रोशनियों की भयावह परछाइयाँ
हमारी सारी ऊर्जा
प्रयास और क़ाबिलीयत
फेंके जा रहे हैं एक तलविहीन अन्धे कुएँ में

मैं बहुत उदास हूँ अपने लिए
तुमसे है मेरा वजूद
तुमसे है मेरी उम्मीदों की नीली झील
तुमसे हैं मायने मेरे होने के
तुम नहीं
तो मैं कैसे...?

लौट आओ नदी

लौट आओ नदी
लौटो हमारे जंगल
लौट आओ वनस्पतियों
लौट आओ ग़ायब हुए वन्य जीवों
लौटो पानी
लौट आओ शस्य श्यामला धरा
लौट आओ बच्चों
लौटो ओ विहँसते समय
लौटो मुस्कानों
लौट आओ लम्बी यात्राओं
लौट आओ मनुहारों
लौटो हँसी में छलके आँसुओं

कि अब मैं किस भाषा में मन्तर पढ़ूँ
कौन सा तन्तर करूँ
लौटने की क्रिया को कैसे उचारूँ
कि सब लौट आए
जहाँ हैं वहाँ से लौट आए
जाता हो तो उसका मन बदले और वह लौट आए

ताल जो हो चुका है
ओझल हमारी आँखों से
सुने और बस वापस दौड़ता चला आए
नदी जो गुम हुई है
वह सुने कि लौटो

और हरहराती वापस दौड़ पड़े

बच्चे जो चले गए रुदन क्रन्दन छोड़कर
लौट आएँ जैसे बस छुपमछुपाई से अवतरित हो आते हैं बालक

वनस्पतियाँ लौटें और उनकी गन्ध सारी धरती पर बादल बन छा जाए

लौटें पशु दहाड़ते, चिंघाड़ते, वज्रनाद करते
कि जंगल उन्हीं से फलता है
लौटो शस्य श्यामला धरती
कि माँ तुम्हें ऐसे देख रुलाई फूटती है

लौटो माँ कि जीवन का संगीत ख़त्म हुआ है
लौटो कि सारे रस चले गए तुम्हारे साथ, सारे स्वाद, सारी स्मृतियाँ, सारी ख़ुशबुएँ, सारी मुस्कानें
लौटो माँ कि अन्तहीन दर्द बचा है बस
लौटो माँ कि किस महामृत्युंजय को पुकारूँ
लौटो मृत्यु की गोद से
लौटो सात आसमानों के पार से
लौटो अपनी पूरी काया में
लौटो कि हम तुम्हें छू सकें
और पहली बार तुम्हारे साथ भोर का सूरज देख सकें
लौटो माँ कि हम मृत्यु के अनुदार देवता से तुम्हें माँगते हैं
और कहते हैं अभी नहीं

मैं जीवन की सबसे बड़ी भाषा में पुकारती हूँ लौट आओ
मैं हृदय की पूरी वेदना और कामना से पुकारती हूँ लौटो
मैं आँसुओं की पनीली लकीरें भेजती हूँ
ये तुम्हें वापसी का रास्ता सुझाएँ

मैं ध्वनि में कहती हूँ लौटो!
मैं नाद में कहती हूँ लौटो!
मैं मौन में कहती हूँ लौटो!

लौट आओ ज़िन्दगी
लौट आओ साँसों
लौट आओ प्रेम!

लौटो कि हम और तुम ही हैं
अपरिमित
शाश्वत
सर्वदा!

मौन एक स्थायी भाव

वक़्त हमारी स्मृतियों का बुझा हुआ सूर्य है
और धरती निराशा की गहन चादर

हम प्रेत से तैरते
उजली आत्माओं की तलाश में

अब सिर्फ़ आग है जो चमकती है
केवल दुख है जो दहकता है
और कोप भरी तड़ित ही कौंधती है

सब रुँधे जा रहे हैं

एक मौन रुदन स्थायी भाव की तरह
ठहर गया है!

रात का राजा चलता जाए

रात का राजा चलता जाए
सूरज को भी छलता जाए

हँसी के नश्तर रोज़ चलाए
सुख की कलियाँ कटती जाएँ

सुख के बस नगमे ही गाए
दुखों के काँटे बोता जाए

भूखों के हिस्से का खाए
चमक-दमक तब शाह में आए

बैरागी ख़ुद को बतलाए
रंग भरी महफ़िलें सजाए

खोद-खोद मुर्दे उठवाए
सदियों पीछे दौड़ लगाए

बस उलटा ही चलता जाए
सूरज को भी छलता जाए।

मृत्यु के शोकगीत

मृत्यु के शोकगीत जीवित हृदय गाते हैं
माँ ने कहा—चिड़िया भी अपने बच्चों को नहीं छोड़ पाती, कैसे मैं जाऊँ?

मृत्यु का देवता निष्ठुर
जीवन के देवता बस अपनी आरती ही उतरवाने में लगे रहे,
किसी काम के नहीं

माँ दर्द से दोहरी हो गई
क्षीण स्वर
इतना दर्द तो तुम्हें जन्म देते हुए भी नहीं हुआ
आह ये कैसी पीड़ा है
जिसका दरिया कभी सूखता ही नहीं

और हमसे कभी श्रद्धांजलि देते नहीं बनता!

अलविदा

आज कोई चला गया है
कुछ लोग अवाक् स्तब्ध रह गए है
कुछ के मुँह से क्षणिक आह निकली
कुछ का दिल पल भर को बैठ ही गया
कुछ की धड़कनें अशान्त हो गईं

कुछ ने ली गहरी साँस
ओम शान्ति कहा

कुछ अभी जीवन भर तड़पेंगे
कुछ याद करेंगे जीवन भर
कुछ का तो बदल जाएगा जीवन ही
उठना, बैठना, सोना, खाना
सब बदल जाएगा

मृतक चला गया है
कुछ भी नहीं ले गया साथ
यहीं रह गया है सब में थोड़ा-थोड़ा
किसी-किसी में बहुत ज़्यादा
किसी में तो पूरा ही छूट गया है वह

लोग कहते हैं, उसे जाने दो
जाने दो उसे पूरा-पूरा

एक तस्वीर लगा दो दीवार पर
फूल चढ़ा दो

उसे अग्नि को दो, वायु को दो, धरती, आकाश और जल को दो

मृतक चला गया है
सबको चौंकाता, स्तब्ध करता, निःशब्द छोड़ता
लोग गहरी साँसें ले रहे

उसे सफ़ेद चादर ओढ़ा दी गई है
अभी शाम को ही तो सबके साथ चाय पी थी उसने!
ओह, दोपहर को ही तो पार्टी दी थी

शाम को विदा लेते हुए बाय-बाय कहा था
हाथ भी तो मिलाया था

सबके हृदय को खटका देता वह
एक पल में बता गया
हम भी तो उस जैसे हैं
एक पल इधर, एक पल उधर

सब ठाठ धरा रह जाएगा
जब लाद चलेगा बंजारा

वह उस पार गया है
जहाँ का किसी को पता नहीं
बस बातें ही बातें हैं वहाँ की

हमारे यहाँ इसे सब ख़त्म होना कहते हैं
किसी और के यहाँ इसे किसी नए जीवन में प्रवेश कहते हैं
किसी और के यहाँ इसे रेस्ट इन पीस कहते हैं

हम इसे मृत्यु कहते हैं, यानी खेल ख़त्म
अलविदा एक कठिन शब्द है।

अब मैं विदा चाहती हूँ

यूँ तो कोई समय तय नहीं था
था भी तो वह मेरे हाथ में नहीं था
सूरज और चाँद के अबोले ने एक मज़बूत बहाना दे दिया
और कुछ धरती की कभी पल-भर रुक कर साँस न लेने की हठधर्मिता ने

मैं पहाड़ की सबसे ऊँची चोटी पर खड़ी अकेले आनन्दित नहीं हो पा रही
विदा का वक़्त आ गया है

मुझे तुम्हारी मुस्कान नहीं चाहिए, न आँसू, न कोई तल्ख़ी
मैं बिलकुल अजनबी-सी जाना चाहूँगी
कि बगल से गुजरूँ तो हलकी हवा जैसी भी सरसराहट न हो
कि माथे पर कोई अदृश्य शिकन तक न पड़े

मैं हूँ और नहीं हूँ के बीच कोई कड़ी न हो
मैं भीतर और भीतर जा रही हूँ कहीं
इस रास्ते का कोई अन्त नहीं न शुरुआत
यहाँ न सूरज की पाबन्दी न धरती की मनमानी

विदा का वक़्त हो चला है
और अब मैं विदा कहती हूँ।

एक दिन जब हम नहीं रहेंगे

एक दिन जब हम नहीं रहेंगे
किताबों की ये अलमारी खोलेगा कोई और
किसी और के हाथ छुएँगे इस घर की दीवारों को
कोई और खोलेगा खिड़की

और हमारा रोपा इन्द्रबेला मुस्कराएगा
हो सकता है किसी और की उँगलियाँ नृत्य करें इस कम्प्यूटर की-बोर्ड पर
कोई और उठाए फोन का रिसीवर

एक दिन
जब नहीं रहेंगे हम
कुछ भी नहीं बदला होगा
वैसे ही निकलेगा सूरज, होगी शाम
छाएँगे घने बादल
बँधेगीं बारिश की लम्बी-लम्बी डोरियाँ
नाव तैराएँगे बच्चे छई-छप करते हुए

हमारे जाने के बहुत-बहुत बाद तक रहेगा हमारा घर हो चुका यह मकान
यह अलमारी, बरसों बरती गई यह मेज़,
मेले से चुन कर लाया गया यह गुलदस्ता,
बेहतरीन कारीगर के बनाए चमड़े के बने घोड़े,
शिल्प-हाट से लिए गए काँच के बगुले, टेराकोटा का घना पेड़,
लिखने की इटैलियन मोल्डेड टेबल,
पहनी हुई चप्पलें, टूथ ब्रश, ढेर सारे नए कपड़े भी, जो कभी पहने नहीं गए

हारमोनियम, काँच की चूड़ी, यहाँ तक कि आईना भी
और हाँ, दूसरे मुल्क की सैर कराने वाला पासपोर्ट
और वे सभी काग़ज़-पत्तर जो हमारे जीवित होने तक पहचान-पत्र बने रहे
सब कुछ बच रहेगा बहुत समय तक
बिना हमारे किसी निशान के

जिस पल ये सब कुछ होगा
बस हमारी गन्ध नहीं होगी इन सब पर,
हमारी मौजूदगी का कोई चिह्न नहीं
उस दिन भी सब कुछ चलेगा ऐसे ही
कुछ आपाधापी, कुछ मौज-मस्ती

लौट-लौट के आती है इन सब के बीच होने की ख़्वाहिश
कहाँ से बरसती हैं ऐसी हसीन इच्छाएँ

एक दिन
जब जाएँगे हम फिर कभी न लौटने के लिए
नहीं ही तो लौट पाएँगे सचमुच।

एक कहानी मैंने लिखी

एक कहानी मैंने लिखी एक कहानी तू भी पढ़
आँसू-आँसू मैंने लिखी पानी-पानी तू भी पढ़

एक सड़क सीधी जाती थी, एक सड़क फिर मुड़ती थी
वहीं कहीं पर खोए रस्ते, नदी का पानी तू भी पढ़

वही क़दम मन्दिर जाते थे, वही मुड़े फिर निर्जन को
हँसते-हँसते भीगी पलकें, नरम हथेली तू भी पढ़

आसमान से धरती तक एक सड़क बिछी थी सपनों की
उस पर लम्बी-लम्बी ड्राइव, शाम-सवेरे तू भी पढ़

आधे छूटे, आधे टूटे ख़्वाब हमारी गठरी में
इनका पूरा नक्श कहाँ है, दिल की बानी तू भी पढ़

कल की ख़ातिर आज हमारे सपने लहूलुहान हुए
साथ बहुत मीठा था या फिर धार दुधारी तू भी पढ़।

सुनो जोगी

जोगी,
तुम मुस्कराते हो
और ठंडे शीत में भी वसन्त उतर आता है

तुम पुकारते हो आधी रात
और सोहनी उफनते अँधेरे दरिया में पाँव बढ़ा देती है
कच्चे घड़े की पक्की उम्मीद के सहारे

तुम्हारी लय अनूठी है

जोगी तुमको खोज रही हूँ

जोगी तुमको खोज रही हूँ

सर्द सुबह में,
नम आँखों में, उगते सूरज, चाँद रात में
सप्तपर्ण की खोई गन्ध में, साँस बन्ध में,

बेचैनी में, आवाज़ों में, वीराने में,
सब से सुन्दर अफ़साने में

सड़क, गली में, रात घनी में,
चौराहे पर, हर आहट में, नीलकंठ के नीलेपन में,
तेज़ कदम में, धीमेपन में, उलटे चलते, सीधे बढ़ते
राग में, सुर में, गीत की धुन में, दिन के पहर में,
साँझ नगर में,
याद की हर एक तेज़ लहर में,

जोगी यह मन भूत बसेरा, अन्ध गली में चक्कर काटे,
बार-बार बस उसे पुकारे
जिसने मन को छील दिया है
ख़ुशी का जुगनू विदा हुआ है
छोड़ के काला घना अँधेरा

जोगी,
रात नहीं बीतेगी
उजला सूरज चला गया है

नींद का पंछी दर्द के घर में
तड़प रहा है।

सप्तपर्णी की गन्ध खोजते

सुनो जोगी,
हर जगह तुम ही मिलते हो

दुनिया के सबसे सुन्दर दृश्य के बीच खड़े थे तुम
उस बेंच पर बैठे मुस्कराते हुए
फिर चलते हुए मेरे साथ

ठंडी पीली रोशनी के नीचे
झील किनारे रेलिंग पर टिके
विशाल पेड़ों से लटकी भव्य लताओं को निहारते
कभी इन्तज़ार करते, कभी बात करते
कभी झूठ बुनते, कभी सच उधेड़ते

सप्तपर्णी की गन्ध खोजते
तुम रचते हो नवरस, शतसुख
बिना किसी वाद्य के बहाते हो स्वर लहरियाँ

मुस्कराते हो बस देखकर
और मुझे मुझसे ही दूर लिए जाते हो
जोगी, यह क्या किए जाते हो!!

सारी चेतना पर फूँक देते हो मन्तर

सुनो जोगी,
ज़िन्दगी इस पार्क का एक भरपूर चक्कर है
तीन नहीं, तीन अरब किलोमीटर का चक्कर
मैं घूमती हूँ पृथ्वी के आलिंगन में
सूर्य के चारों तरफ़

सात समन्दरों से भी गहरी और विस्तृत झील
तुम्हारे ख़यालों की
सीढ़ियाँ उतरती हूँ जोगी

रोशनी इतनी जैसे आँखें जल उठी हों
सब कुछ रोशन
तुम्हारी रोशनी में

लम्बी परछाइयाँ, लम्बे डग
पलक झपकते धरती नापते हो
जो है तुम्हारे गुरुत्व से ढकी

पखावज बजाते हो
जादू जगाते हो
मल्हार गाते हो
सारी चेतना पर फूँक देते हो मन्तर

क्या किए जाते हो जोगी!

कायनात तुम्हारी है

सुनो जोगी,
मुझे पता है कि तुम ही हो हर जगह
हवा के हर क़तरे में
एक साथ देखे गए उस सुपर मून में

मेरा मफ़लर तुम्हारे गले की छुअन से
नीम बुखार में पड़ा है
मेरे बगल की सीट पर तुम्हारी आँखें हँसती हैं
तुम्हारी हँसी की आभा को मैंने ओढ़ लिया है

जोगी, चाँद तुम्हारे साथ उतरता है
सूरज तुम्हारे साथ उगता है
नदी तुम्हारी बाँहों से बहती है

रास्ते तुमसे गुलज़ार होते हैं
फूलों में तुम महकते हो
धरती से आसमान तक तुम छाए हो
झील से सागर तक तुम ही हो बूँदों में समाए

मेरी हथेलियों में गिरते हो बर्फ़ के फाहे बन के
कायनात तुम्हारी है जोगी!!

मैं उलटा चल रही हूँ

सुनो जोगी,
मैं उलटा चल रही हूँ

जहाँ पर तुम मिले थे
आख़िरी दम
वहाँ पर मैं रही ठहरी कई युग
कई सदियाँ लगीं, यह सोचने में
जानने में और समझने में
कि तुम अब हो नहीं
बेशक वही हैं दृश्य, हरियाली, वही है चाँद-सूरज भी वही है
जो तुमने ज़िन्दगी बख़्शी इन्हें वो भी बहुत शीरीं

ये सब हैं साथ
तुम भी हो घुले इनमें, मिले इनमें
कि जाते ही नहीं हो
तुम्हारे रंग कितने हैं—हरा, हल्का हरा, गाढ़ा हरा, कुछ काहिया-सा,
कभी मद्धम, कभी चढ़ता हुआ रंग

ये सब ही तो तुम्हारे हैं

मैं उल्टा चल रही हूँ
चाँद राहें छोड़ सूरज की दिशा में

मैं ऐसे सोचती हूँ
कि उल्टा चलते-चलते

एक दिन तुम मिल ही जाओगे
जहाँ हम सबसे पहले मिल गए यूँ ही अचानक

उसी छतरी के नीचे,
बैठे सीढ़ियों पर
मुस्कराते, गुनगुनाते तुम
गगन ओढ़े, धरा पहने, मिट्टी से सुहाने तुम
हवा की तरह जब मुझसे मिलोगे,

उसी पल रोशनी भर जाएगी सारे सितारों में
उसी पल ज़िन्दगी हँसने लगेगी

मैं उल्टा चल रही हूँ।

राग बरसाते हो

सुनो जोगी,
तुम्हारी आँखों से चाँद बरसता है
तुम्हारी हँसी का समन्दर भिगोता है

तुम्हारी आवाज़ गूँजती है
मन की सात तहों के भीतर

जैसे ब्रह्मांड में नाद
जैसे एकान्त में गूँजती है साँस
जैसे एक अचल स्वर

तुम्हारी धुन से आकार लेती हैं धड़कनें
तुम्हारी मौजूदगी स्पन्दित होती है रगों में
तुम्हारा होना ही जीवन है

कबीर के रास्ते आते हो तुम
साँवरिया को खोजते
राग बरसाते हो
जादू जगाते हो

जोगी, दीवाना किए जाते हो!

रंगों का झोला

सुनो जोगी,
कुछ रंग तुमको दे रही हूँ

ये उलझे रंग, धुँधले-से अभी जो दीखते हैं
कभी सुन्दर बहुत थे
कशिश से, प्यार से निखरे थे ये रंग
लुभाते थे, मगन कर खींचते थे
ये जो झुलसे हुए रंग, दाग़ जैसे लग रहे
कभी इनसे बगीचे महकते थे

ये काला रंग नहीं था
जामुनी भी यूँ नहीं डूबा हुआ था
लाल भी ख़ूनी नहीं था
रंगों का ये मेला
इतना भी बेरंग नहीं था

सुनो जोगी,
सुना है, तुम रंग के माहिर
सभी को रंग देते हो निख़ालिस
मेरे भी ये रंग लेकर
लाल दे दो सूर्य का-सा
चाँदनी सा रुपहला
और बादलों का घना-सा ये रंग दे दो
पानी का भी रंग एक
मुस्कान का
अपनी नज़र का रंग दे दो

वो तुम्हारे साथ के लम्हे हज़ारों
राग का, उस नेह का भी रंग दे दो
ये मेरे झुलसे हुए, उलझे हुए बदरंग लेकर
रंग कुछ सुलझे हुए दो

एक रंग उम्मीद का भी डाल देना
एक तुम्हारी हँसी का
एक आधी रात का, एक भोर के तारे का रंग भी
एक रंग अब तक हुई हर बात का
एक रंग उस पहली मुलाक़ात का भी रख ही देना

सुनो जोगी,
रंगों का ये झोला भर के लाओगे कब
बता देना

मैं इन्तज़ार में हूँ।

तुम्हारी याद बिल्कुल तुम-सी है

सुनो जोगी,
तुम्हें याद करती हूँ
जैसे पिंजरे में बन्द गौरैया याद करती है अपने बिसरे हुए गीत को
जैसे सूखी धरती याद करती है घनघोर बरसात को
जैसे चातक याद करता है स्वाति नक्षत्र की बूँद को

मैं तुम्हें याद करती हूँ
जैसे नन्हे चीड़ की पीठ पे हाथ फेरा हो
जैसे ज़िन्दगी में पहली बर्फ़बारी को छुआ हो गालों पर
जैसे कोहरे भरी सुबह अँगीठी का धुआँ उगलता सूरज तापा हो

याद तुम्हारी ऐसे ही आती है जोगी
जैसे तुम आए अचानक
और फिर रुके नहीं
पल, क्षण, घंटे, घंटे और घंटे
न जाने कितनी सदियों तक
बस तुम रहे जैसे धरती पर रहती है हवा

तुम रहे जैसे धरती की सारी ख़ुशबुएँ बरस गईं
जैसे हवाओं में घुल गई धरती की सारी मिठास
जैसे गति रुक गई, जैसे आ गया तूफ़ान
जैसे अचानक कई गुना हो गई रफ़्तार

तुम्हारी याद सूने जंगल में मगन हरीतिमा है जोगी
झील से उठती भाप है

चहलकदमी है दुनिया के अरबों जोड़ी क़दमों की
कुल्हड़ कॉफी है अगल-बगल बैठ कर सिप की हुई

तेज़ ढलान पर उतरी राहत है
ऊँची चढ़ाई का सुकून है

तुम्हारी याद बिलकुल तुम-सी है।

तुम्हारे स्पर्श में मुक्ति है जोगी

सुनो जोगी,
तुम्हारा होना पूरब का होना है

तुम्हारा होना
धरती की नीली पनीली आँखों पर
उगते सूर्य का चुम्बन है
तुम्हारा होना दृष्टि का होना है

जोगी, तुम देखते हो
और समन्दर सोना हो जाता है
तुम चलते हो और सूनी सड़कें चाँदी से भर जाती हैं
तुम बोलते हो तो गूँजती है सृष्टि
तुम्हारी हँसी से खिलते हैं इन्द्रधनुष
चाँद पेड़ों पे टँगा करता है तुम्हारा इन्तज़ार

तुम गाते हो
और दुख बहने लगते हैं
दर्द तिरोहित होते हैं तुम्हारी उँगलियों के पोरों से

तुम्हारे स्पर्श में मुक्ति है जोगी।

तीन किताबें

सुनो जोगी,
तुम्हारा झोला मेरे पास छूट गया है
उसमें तीन किताबें हैं

पहली किताब ज्ञान की है
उसके भारी-भरकम शब्दों को दाएँ-बाएँ खिसकाकर
मैंने प्रेम की राई पसार दी है

दूसरी किताब में हैं धीर-गम्भीर गुरु
वहाँ मैंने मुस्कराते दोस्त को बिठा दिया है

तीसरी किताब में स्व है
अपने में मगन
तुम्हारी आत्मा के उस खोल को ओढ़ लिया है मैंने भी

अब मैं इस झोले को मुक्त करती हूँ।

और अलेप्पो बच जाता है

सुनो जोगी,
मैं अब भी सपने देखती हूँ

और यह पूरी दुनिया बच्चे-सी हो जाती है
सोते वक़्त कहती हूँ स्वीट ड्रीम
और अलेप्पो बच जाता है

ज्ञान से ठुँसे तुम्हारे झोले में
प्रेम की राई पसारती हूँ
जहाँ साम्राज की तलवारें लहू पीती हैं
उसी युद्ध भूमि में तुम्हें चूमती हूँ

पीड़ा की इसी ज़मीन में रोपती हूँ गुलाब
तुम अपने आँसुओं से सींचते हो इन्हें
जोगी, यह दुनिया है जीत और उन्माद की
हम यहाँ नन्ही सफ़ेद बतखों को दाना खिलाते हैं

तुम्हारे जाने में
लौटने की ध्वनि सुनती हूँ
तुम खोजते हो अन्तिम सुख
और मैं सूर्य से पृथ्वी का-सा रिश्ता जोड़ लेती हूँ

तुम्हारी आँखों के सितारों में है पूरी आकाशगंगा
आर्कटिक सर्कल की तरह लिपटा है सफेद मफ़लर तुम्हारे गले में

पूर्णिमा के चाँद से प्रगाढ़ तुम्हारे खिंचाव में
सागर की लहर-सी उठती हूँ
जोगी, मैं अब भी सपने देखती हूँ।

थोड़ी देर में धरती हिरण्यवर्ण होगी

सुनो जोगी,
जो तुम जाग रहे हो भोर के तारे तक
तो आओ
इस हस्ब मामूल ठंडी सुबह में

तारों भरे गहरे आसमान का छाता ताने
चाँद की डंडी पकड़े
इस छोर चले आओ

अमरत्व के दिलेर पैमाने छलक रहे
आज की रात जो जिया वो जिएगा हज़ार बरस
कि क़ैद है जान किसी जान के भीतर
कोई है मिलन के नग़मे गाता हुआ

चले आओ
कि जब साँस रूह-सी हल्की हो गई हो
पलकें किसी नई दुनिया की बुनियाद उठा रही हों
जब पंछी-पंछी राग गूँजता हो ओर-छोर

आओ जोगी
कि थोड़ी देर में धरती हिरण्यवर्ण होगी
तुम्हारे रंग में जिएगी।

जोगी मैं तुम हूँ

सुनो जोगी,
मैं तुम्हारा ही एक नाम हूँ

तुम्हारा ही अगणित विस्तार
तुम्हारी नज़र, तुम्हारी रोशनी, तुम्हारी गन्ध
तुम्हारे स्वर की अथाह हूँ

स्मृति हूँ, विस्मृति भी
सूर्य से पहले का आकाश हूँ
और इसकी परावर्तित धरती भी

ऋचा हूँ, मंत्र हूँ, गीत हूँ
तुम्हारा ताप हूँ,
दृश्य हूँ और दृष्टि भी
तुम्हारी हँसी हूँ और आँसू भी

बन्धन हूँ और निर्बाध भी
तुम्हारी व्यस्तता और ख़ालीपन भी

मैं तुम्हारी हरीतिमा
तुम्हारी सघनता, विरलता भी
रंग हूँ तुम्हारा,
गति और ठहराव भी

मैं तुम्हारा उछाह
और अवसाद भी

जोगी, मैं तुम्हारे इन्द्रधनुष का वितान हूँ
तुम्हारी ज्योति का मध्य हूँ
अन्त हूँ, प्रारम्भ हूँ

मैं हूँ तुम्हारा विश्वास और अविश्वास भी
समग्र हूँ, सर्वथा हूँ

मैं तुम्हारा भीतर हूँ, बाह्य हूँ
साँसों का प्रवाह हूँ
तुम्हारा राग हूँ, नेह हूँ, अनुराग हूँ

जोगी मैं तुम्हारा चित्र हूँ
तुम्हारी वेदना और राहत भी
चेतन और अवचेतन तुम्हारा
तुम्हारा आभार और मुक्ति हूँ मैं
जोगी मैं तुम हूँ
और तुम मैं हो!

और यह कोई व्याकरण की ग़लती नहीं!

मुझे मेरा पता दे दो

सुनो जोगी,
मैं एक ऐसी भाषा ईजाद करना चाहती हूँ
जो तुम्हारे हृदय तक पहुँचे

मेरे आँसुओं में हो इतना खारापन
कि तुम्हें ज़िन्दगी का नमक दे सकें

मेरी मुस्कान में दहकें सितारे
जिनकी रोशनी एक सड़क बनाए
जो सीधा तुम तक आती हो

सुनो जोगी,
दुनिया एक विराट भूलभुलैया है
जिसे हमारे लहू की अनगिनत नलियाँ जोड़ती हैं
मैं इन्हीं में डूबती-उतराती हूँ

तुम से मिलना ख़ुद से मिलना है जोगी
मैं अपने ही वियोग में बहती हूँ
अपनी ही छाँव में नरम होती
अपनी ही धूप में जलती हूँ

सुनो जोगी,
मुझे अपना पता दे दो
सुनो जोगी
मुझे मेरा पता दे दो!

रागों में मालकौंस

सुनो जोगी,
जब कुछ नहीं होता
तब तुम होते हो
जब सब कुछ होता है
तब भी तुम ही होते हो

तुम रागों में मालकौंस होते हो
देवों में शिव
ग्रहों में पृथ्वी
और असीम में अन्तरिक्ष

मृत्यु तुम हो जोगी
जीवन तुम
प्रेम और अप्रेम तुम

तुम शून्य होते हो
तुम ही होते हो सृष्टि
तुम होते हो अस्तित्व और तुम ही विस्तार

इन्द्रियों में दृष्टि हो तुम
प्रेम में मृत्यु
जीवन में होना हो तुम

और फ़िलहाल मैं मृत्यु के गहन आलिंगन में
जीवन के पूरे उत्ताप से भरी
तुम्हारी नि:शब्द नि:संग घाटी में गहरे उतर रही हूँ।

तुम्हारे शब्द मिसरी हैं

सुनो जोगी,
तुम्हारे शब्द मिसरी हैं
तुम्हारी छुअन फाहा है

तुम्हारी शह उदासी है
तुम्हारी मात है आँसू

ये दुनिया भीगती है, डूबती है
कोई जोगी नहीं आता
नहीं आता कोई जोगी
ये दुनिया ताकती है

कि बढ़के सोख ले दरिया दुखों का
कि कोई राग तो ऐसा सुनाए
पखावज़ थाप दे और दर्द का कोरस ख़तम हो

जैसे बारिशें आतीं धरा का ताप हरने को
कोई बरसात तो बरसे कि भीतर ठंड पड़ जाए।

मैं 'अ' से अज्ञानी

सुनो जोगी,
हम आधे-अधूरे हैं
किसी प्रेत से अभिशप्त
अपना बाक़ी खोजते रहने को

आधे अँधेरे, आधे उजाले की हम सन्तानें
आधे ग़म और आधी ख़ुशी से बने
आहत जीवन को सहेजते जतन से
बोलते-बोलते, हँसते-हँसते
यूँ ही छलका लेते हैं आँखें

हर अधूरेपन का सकल खोजते
हर रास्ते पर बढ़ते एक उम्मीद से

हमारे भीतर एक सतत् रिसता हुआ घाव है
धड़कता हुआ
पीर-पीर दुखता
पोर-पोर जुड़ता

सुनो जोगी,
ज़िन्दगी की वर्णमाला में
मैं 'अ' से अज्ञानी हूँ
तुम 'ज्ञ' से ज्ञानी
और बीच के सारे अक्षर नुकीले कैक्टसों की तरह हमारे बीच खड़े हैं।

तुम्हारी उँगलियों से रस बरसता है

सुनो जोगी,
तुम्हारी उँगलियों से रस बरसता है
कि जैसे चौदहवीं के चाँद से अमृत बरसता है

तुम्हारी नज़र जादू है
तुम्हारे देखने भर से टहक कर फूल खिलते हैं
बवंडर धूल के भी रेशमी किरनों में ढलते हैं

अमलतासों का खिलना, महकना, छाना, खुमार होना
दहकना गुलमोहर का
लाल हो जाना
पिघलना आग का तपते पलाशों में
तुम्हारी साँस है जोगी

नदी की धड़कनों का बेतहाशा तेज़ हो जाना
कि तट पर तुम खड़े हो
तुम्हें छूती हवा का वेग हो जाना

सुनो जोगी,
कहीं एक दिशा बहती है
बहुत मुमकिन है वो पूरब ही होगी
जहाँ हर वक़्त मौसम भोर का रहता
वहाँ हर वक़्त पूनम चाँद रहता

कहीं कन्धे से एक रेखा गुज़रती है
या शायद पीठ के वर्तुल में रहती हो कहीं

मेरीडियन लाइन
तुम्हारे दाब से धरती भी हँसती है, सिहरती है

सितारे देखने तुमको धरा के पास आ जाते
जहाँ तुम बैठ जाते हो
वहीं सब बैठ जाते हैं।

एक दिन अलग होंगे हम

सुनो जोगी,
एक दिन अलग होंगे हम

जैसे छाल अलग होती है वृक्ष से
वृक्ष अलग होता है धरती से
धरती विलगती है अपनी गति से

हम अलग होंगे
जैसे चेतना अलग होती है मस्तिष्क से
नरम दूब अलग होती है मिट्टी से
जैसे फूल अलग होते हैं डाल से
झील अलग होती है पानी से
समन्दर अलग होता है लहरों से
आँखें अलग होती हैं प्रिय से
चमक अलग होती है तारों से
सूर्य अलग होता है ताप से
ख़ुशी अलग होती है उत्सव से

जैसे पानी अलग होता है अपनी मीठेपन से
जैसे आस अलग होती है हृदय से
हृदय अलग होता है संवेदना से

उसी तरह जोगी
हम होंगे अलग

जैसे ज़ुबान रह जाए और बोल चले जाएँ
उँगलियाँ रहें और तुम्हारा हाथ न थाम पाएँ
नज़रें उठें और तुम्हें कहीं देख न पाएँ

अब यह पीड़ा की नदी है जोगी
जिसे कभी किसी समन्दर में नहीं मिलना।

एनीस्थीसिया

सुनो जोगी,
जब तुम प्रेम तोड़ना
धीरे-धीरे तोड़ना

भरोसा तोड़ना तो
पहले एक छोटा एनीस्थीसिया देना

जोखिम भरे ऑपरेशन में भी मरीज़ को कहा जाता है
चिन्ता की कोई बात नहीं
ज़हर भी मीठी खीर में देने का आत्मीय रिवाज़ है

मर रहे व्यक्ति के मुँह में जल दिया जाता है
यह जानते हुए भी जल अब जीवन नहीं दे पाएगा
हम मृत्युभोज करने और खाने वाली जमात हैं
कठिन और अधूरी चढ़ाइयों में कहते हैं बस ज़रा और
अपने युद्ध हारे हुए वीरों की शौर्य गाथाएँ गाते हैं

वैसे मुझे आज ही पता चला कि
दिल टूटने के लिए होता है
भरोसा एक किताबी बात है
धोखे पर टीवी सीरियलों और फिल्मों का एकमात्र कॉपीराइट नहीं है

और इस पूरे वाक़िये में तुम्हारा नाम महज एक इत्तफ़ाक़ है।

ज़िन्दगी का प्याला

सुनो जोगी,
ज़िन्दगी का प्याला बहुत छोटा है
और प्यास बहुत बड़ी
तुम्हें जी भर उड़ेलती हूँ नन्हे प्याले में
तुम छलक-छलक जाते हो
प्याले से बाहर बहते हो बहुत सारा

मैं अपना प्याला धरती जितना बड़ा करना चाहती हूँ
तुम सात समन्दर बन जाते हो
मैं अन्तरिक्ष हो जाती हूँ
तुम असीम ब्रह्मांड में बदल जाते हो

सुनो जोगी,
नन्ही बूँदों के नाज़ुक तीर लिये
बाहर रुनझुन-सा तुम बरसते हो
सब सोचते हैं बारिश हो रही है

मैं पेड़ होती हूँ
तुम फुहार हो जाते हो
मैं होती हूँ गरजता बादल
तुम मूसलाधार हो जाते हो

सुनो जोगी
मैं झील हो जाती हूँ
तुम झरना हो जाओ

मैं नींद हो जाती हूँ
तुम स्वप्न हो जाओ

मैं जाग जाती हूँ जोगी
तुम अन्तिम सत्य हो जाओ।

ज़िन्दगी मृत्यु का पूर्वाभ्यास है

सुनो जोगी,
जीवन और मृत्यु दो समानार्थी शब्द हैं
बर्फ़ बुरी तरह जलाती है
शान्ति दरअसल धड़कनों का रुक जाना है
और लाल अब सिर्फ़ लहू है

रास्ते जैसा कुछ होता नहीं
प्रेम के अर्थ चौराहों पर सर धुनते हैं
जोगी तुम हो विजोग के माहिर
सप्तऋषि जाने किस तन्द्रा में सोते हैं

काला रंग बहुत भारी है
ब्लैक होल सा शक्तिशाली
सब कुछ निगलता चला जाता है

मन एक भारी पत्थर है और तन इस आत्मा पर बोझ
अधूरापन एक स्थायी विशेषता

सुनो जोगी,
ज़िन्दगी मृत्यु का पूर्वाभ्यास है
सूर्योदय में निखरती हैं अस्ताचल की भंगिमाएँ

भूगोल के पार कहीं एक मन बसता है।

मेरा मन म्यूज़ियम है

सुनो जोगी,
तुम्हारी इक हँसी मेरे पास रखी है
कि जैसे चाँद हो पूरा
जो छाए तो सभी कुछ नज़र आए
जो छुप जाए तो जग हो अँधेरा

भरे से दो नयन भी
झाँकते चश्मे के भीतर से
तुम्हारे साथ चलना
समय रेखा बाँध लेना
निकल पड़ना परिक्रमा पर
सूर्य की, आकाशगंगा की,
अतल ब्रह्मांड की,

तुम्हारी चाल, जैसे पवन आया हो
कभी मन्थर, कभी तूफान बनके
धरा पे तन के छाया हो

सुनो जोगी,
अधूरे वक़्त के ये सफ़र आधे हैं
कि इनका दूसरा हिस्सा कहीं खोया हुआ है

तुम्हारी रोशनी भी पास है मेरे
तुम्हारी ख़ुशबुएँ भी बस गईं
मेरे मुहल्ले में

और तुम्हारे साथ की बातें गगन भर
सब सहेजा है

मेरा मन म्यूज़ियम है
सब सुरक्षित है
तुम्हारी नज़र भी, जो फिर गई है
तुम्हारे शब्द भी, दूरी भी, नीयत भी, भरोसा भी

सब सुरक्षित है
तुम्हारी जगमगाती हँसी
सब रोशन किए है
जग रोशन किए है।

अब मैं जीवन पैक करती हूँ

सुनो जोगी,
अब मैं जीवन पैक करती हूँ

एक छोटे झोले में बन्द करती हूँ इच्छाएँ
एक में भविष्य
एक में अतीत और वर्तमान

गले में धड़कता हृदय
आँखों में उतरता अँधेरा
हाथों से छूटती गरमाहट

बहुत-बहुत सारी बातें
जिनसे भर जाए ब्रह्मांड
पर ख़ाली कोना एक न भर पाए
सागर भर नमकीन पानी
काले टापुओं को डुबाए
कभी न भर पाने वाले घाव
सब समेटती हूँ

वक़्त अँधेरे का ग़ुलाम हुआ है
अँधेरे हमेशा ऊपर से ही उतरते आए हैं
नीचे जला है जंगल सारा
यह बेतरतीब यादों का ईंधन है
जिनसे ज़रा सी रोशनी बची है

जीवन
एक बेहद सुन्दर शब्द है जोगी
जीवन एक मधुर स्वप्न है

अब मैं सोती हूँ।

मेरे पास एक उदास कथा है

सुनो जोगी,
मेरे पास एक उदास कथा है
कमलासुरैया के बारिशों में भीगते पुराने घर जैसी

मैं धरती की तरह घूम रही हूँ इतना तेज़
कि चक्कर आ रहा है
मितली फँसी है हर वक़्त गले में

जबकि करने को हज़ार बातें हैं
देखने को हज़ार रंग
लेकिन काली गुफा ख़त्म ही नहीं होती

जीवन और मृत्यु के बीच का छोटा समय
मेरा इन्तज़ार करता है
मैं तुम्हारा

तुम खड़े हो वहाँ जहाँ सितारों की चमकीली नदियाँ बहती हैं
दुखों और सुखों से परे
आहों-कराहों की परिधि से बाहर

आँख बन्द करना सुख है जोगी
आँख खोलना सब से बड़ा दुख
वीरता अब सुरक्षित बच निकलने में है

प्रेम दरअसल अस्वाभाविक मृत्यु का दूसरा नाम है
मैं चिल्लाती हूँ बार-बार
मेरी आवाज़ निर्वात में बेचैनी से छटपटाती है

और मैंने तय किया है
जीने के लिए दुनिया की सारी उदास कथाएँ पढ़ लेनी चाहिए।

लड़ाइयाँ बहुत क्रूर होती हैं

सुनो जोगी,
लड़ाइयाँ बहुत क्रूर होती हैं
और जब प्रेम में युद्ध होता है
आत्माएँ खींच ली जाती हैं

जब वाक् युद्ध जीतते हैं
उसी पल मित्रताएँ हार जाया करती हैं
जब प्रेम के लक्षण ढूँढ़े से न मिलें
व्यभिचार की काली छायाएँ डस चुकी होती हैं

छल, छद्म, धोखा और फ़रेब
ये किसी प्रेम की शब्दावली नहीं
युद्ध की रणनीतियाँ हैं
बार-बार तोड़ना और हमेशा तोड़ते ही जाना
अन्ततः फूलों का हमारी ज़िन्दगी से विलुप्त हो जाना है

सभी कहानियाँ अन्त तक नहीं पहुँचतीं
कुछ उसके ज़रा-सा पहले ही हमेशा के लिए अधूरी अनकही छूटती हैं

सुनो जोगी,
रात के अन्तिम पहर भी कुछ पंछी
चहचहाते हैं
और
चोंच भर शान्ति की खोज में नींद गँवाए जाते हैं।

तुम्हारी हँसी का रंग आसमानी है

सुनो जोगी,
तुम्हारी हँसी का रंग आसमानी है

अभी एक रेल चलनी है गुलाबी नगर से
संगम नगर को
और ख़ुशियों के नगर तक
वहाँ पर टर्मिनस है
रेल का अन्तिम ठिकाना वही ख़ुशियों का नगर है

ज़रा सी हँसी मेरे पास भी है
ज़रा से डर भी हैं
बहुत सी है दिलेरी जूझने की
समन्दर के अहम् से
रात गहरी है घनी है
ख़त्म तो फिर भी होनी है

मुझे बस हँसी आती है
भरम कितने ख़याली हैं।

चक्रवात-सी आती हैं तुम्हारी यादें

सुनो जोगी,
चक्रवात-सी आती हैं तुम्हारी यादें
और घुमड़ आते हैं काले मेघ
फिर टूट के पानी बरसता है

इतनी भारी बारिश
और धूल भरी आँधी-सी छाती है तुम्हारी याद
कि सारे घाव खुल जाते हैं
टीसती है पीर बेतरह
और रुका हुआ रक्त बह निकलता है

कभी तो ऐसे आती है याद तुम्हारी
कि घुमड़-घुमड़ छाए मेघ
तड़प-तड़प कौंधें बिजलियाँ
तपते मरुस्थल में
और आख़िर तक बरसे न एक बूँद पानी

आँखों में ईचिंग होती है
मैं गुलाबजल डालती हूँ
लगता है थोड़ी देर
फिर रिलैक्स हो जाता है

भीतर होती है ईचिंग
अन्दर बहुत सारा गुलाबजल है
छलक-छलक आता है आँखों से
बहुत तेज़ लगता है
फिर रिलैक्स हो जाता है।

मैं तुम्हें माँ की तरह याद करती हूँ

सुनो जोगी,
मैं तुम्हें माँ की तरह याद करती हूँ

माँ जो गई सितारों में
और तुम हुए जैसे धरती का सितारा
क्या कहूँ कि एक ऐसी तुम्हारी बस्ती है इस ज़मीन की
जहाँ कोई घोड़ा, ताँगा, जहाज़ नहीं जाता
कोई रेल नहीं जाती तुम तक
न कोई पगडंडी, न शाहराह

सिर्फ़ एक विराट व्याकुलता है
जो सीधे तुम्हारे नगर को जाती है
तुम्हारा घर निगाहों की ज़द में नहीं
पर मेरा हृदय वहीं छूट गया है

ख़ुशियों का शहर एक स्वप्न हुआ
और तुम हुए स्वप्न के सारथी
जाने कहाँ गुम हुए
कि मेरा शानदार जीवन रथ ठहर गया

सुनो जोगी,
वो सात समुद्र तट मिलकर पुकारते हैं
ऊँचे स्वर में तुम्हारा नाम
सुवर्णरेखा के मैंग्रूवों में तुम्हारी छाया आज भी दीखती है
तुम अब भी तैर रहे हो उड़ीसा के बैकवाटर में

धरती की वो अन्तिम सात पनीली दीवारें
रेत पर उगते, ग़ायब होते सुर्ख़ फूल
तुम्हारे हाथों से बिखरी ज़िन्दा सीपियाँ
तुम्हारी ख़ुशी का उन्मत्त जवाब देते ज्वार

मेरा आसमान तुम्हारी लाखों चहलकदमियों का गवाह है

सुनो जोगी,
माना कि अन्तिम यात्रा पूर्ण हुई
पर ऐसे कोई किसी को नहीं भूलता
हम तो मृतकों तक को हर बरसी पर
धरती पे ले आते हैं जिमाने

सुनो जोगी,
याद एक ज़िन्दा शगल है
और मैं तुम्हें माँ की तरह अथाह बेचैनी से सुमिरती हूँ।

जब तुम चले जाओगे

सुनो जोगी,
एक दिन जब तुम चले जाओगे
चले जाएँगे सारे शब्द
विदा हो जाएँगे सारे अर्थ
लकीरें चली जाएँगी
दुविधाएँ चली जाएँगी
चली जाएँगी नदियाँ
ख़त्म हो जाएँगी सभी दिशाएँ

गहरे अतल समुद्र नहीं रहेंगे
विराट विशाल पर्वत हो जाएँगे गुमशुदा

पूरब चला जाएगा अपनी भव्यता के साथ
सूर्य अपने ज्वलन्त ताप के साथ
ग्रह, उपग्रह, नक्षत्र सब गिर जाएँगे ब्लैक होल में

ख़त्म हो जाएँगे सप्तऋषि
मृत हो जाएँगे स्वप्न
बन्द हो जाएँगे नयन
ख़त्म होंगी साँसें
ख़त्म हो जाएगा जीवन रस

अछोर अन्धकार ही रहेगा हर ओर
निविड़ तम घिरेगा जोर-शोर

सुनो जोगी,
अभिलाषाएँ तुम्हारे क़दमों पर चलती हैं

उम्मीद का रंग जोगी है।

मैं विस्मृति से डरती हूँ

सुनो जोगी,
मैं विस्मृति से डरती हूँ
कहीं भुला न दे तुम्हारा राग
तुम्हारी आवाज़ हमेशा रहे हृदय में

मैं धुँधलेपन से डरती हूँ
ये आँखें, ये चेहरा, तुम्हारा चलना, रुकना
आना और जाना
सब अपनी चमक के साथ बरकरार रहें

मैं चाहती हूँ
तुम्हारी आँखों की तरलता
मुझे हमेशा याद रहे
तुम्हारी गहरी मुस्कान
और छलकती हँसी मेरी दृष्टि का हिस्सा रहे

तुम्हारा हर शब्द, अपने पॉज़ के साथ
रफ़्तार अपने ठहराव के साथ
रंग अपनी परछाइयों के साथ
दाख़िल हो पूरी की पूरी मेरी स्मृति में

जोगी आजकल आवाज़ें बड़ी दूर से आती हैं।

वह प्रेम था

सुनो जोगी,
नफ़रत की अग्नि नहीं जला पाई मुझे
ईर्ष्या दग्ध नहीं कर पाई मेरी मुस्कान

दुर्घटनाओं को परे धकेल चढ़ता चला आया जीवन
उपेक्षा कोने में पड़ी मुँह चिढ़ाती रही

मैं देवता नहीं एक मामूली मनुष्य थी
सो अमरता का वरदान नहीं था मुझे
न विषपायी नीलकंठ का

मामूली मनुष्य की तरह
मैं जिससे बिना आवाज़ मारी गई
वह गहरा प्रेम था

आकाश में छाया इन्द्रधनुष निगल लिया मैंने
तपते सूर्य को चूम लिया

सप्तऋषि के चम्मच से
मैंने तुम्हारे लिए खीर परोसी
चाँद के कटोरे में

प्रेम ने उसी पल मुझे बेआवाज़ मार दिया
प्रेम के देवता की सिफ़ारिश पर उसने मुझे मृत्योपरान्त
मेरी पसन्द का घर अता किया

वह तुम्हारा हृदय था।

मन हुआ है मनों भारी

सुनो जोगी,
मन हुआ है मनों भारी
समूची पृथ्वी का भारी पत्थर गले में बाँधे
गिरा जा रहा है अतल में

सात पातालों की गहराई से भी अनन्त
डूब रहा है असीम में

स्वर्ण हिरन सीता की जीवित समाधि का नाम है
सुखों का अनियंत्रित विस्तार ही दुख है

प्रेम के पौधे सींचे जाते हैं हृदय के रक्त से
सबसे नाज़ुक संवेदनाएँ
सुकोमल हथियारों के सामने दम तोड़ देती हैं

इस अपार काल में हम जीते हैं
बूँद-बूँद पीते हैं अमृत की
और हर बूँद मृत्यु की दिशा में खींचता विशाल चुम्बक बन जाती है

आँखें पीड़ा का लावा हैं जोगी
मनों भारी मन में दहकती है अग्नि
जल रहे हैं विश्वास
दहक रहे हैं प्रेम के दयालु देवता
अ़ग्निस्नान में हैं शिव

हृदय के सर्वशक्तिमान देवता और प्रेमिल निवासी राख हुए जाते हैं
सब कुछ शून्य हो रहा है।

यातना को प्रेम नहीं कहते

सुनो जोगी,
यातना को प्रेम नहीं कहते
यातना देने वाले को प्रेमी नहीं
जैसे हम नरक को कभी स्वर्ग नहीं कहते

कई बार हम यंत्रणाओं के याचक बन जाते हैं
वह देता है हम लेने से इनकार नहीं करते
अपना हाथ समेटते नहीं
सब स्वीकार लेते हैं निरीह होकर

जो निरीह बनाता है वह प्रेम नहीं एक कलुष है
प्रेम में हम ख़ुद को एक खुले घाव में बदल लेते हैं

रात बीतती है
और उसी में एक अनन्त रात फिर जुड़ जाती है
एक अखंड उदासीनता मेरा दहन करती है

और रातें प्रकाशमान हो उठती हैं।

एक अकोमल अनन्त

सुनो जोगी,
यह कुछ बचे हुए समय का सुप्रभात है

जब तक वह क़त्ल की सुबह आती है
जब कुछ शब्द भेजे जाएँगे इस पार से
और दूसरी ओर कोई पार होगा ही नहीं

कोई ओर होगा ही नहीं
कोई पार जैसा, पार नहीं
कोई किनारा नहीं दूसरा

दूसरा—एक नुकीली प्रतीक्षा होगी
जहाँ से कोई ध्वनि वापस नहीं लौटती
कोई प्रकाश नहीं लौटता वापस

बस एक अकोमल अनन्त होगा।

प्रेम अब एक अभियोजन का शब्द है

सुनो जोगी,
हमारा असली रस करुण है
हम इच्छाओं के पीछे भागते हैं
और वे भागती हैं बादलों के पंख लगा के

तुम नदी किनारे की साँझ हो
ख़ुशी और उदासी एक साथ घिरती है

हम ही बनाते हैं प्रभु की प्रतिमाएँ
और हम ही करते हैं विसर्जित
हम ही बुनते हैं
और हम ही काटते हैं जाल

ज़िन्दगी एक ज़िद-सी है
और हम जिए जाते हैं
घूँट घूँट पीते हैं दर्द का प्याला

प्रेम अब एक अभियोजन का शब्द है।

प्रेम किसी भिक्षापात्र में नहीं मिलता

सुनो जोगी,
प्रेम के सुर एक जैसे होते हैं
धरती से स्वर्ग तक

वे आँसुओं की सरगम पर गाए जाते हैं
प्रेमी एक भिक्षुक होता है

सब कुछ लुटाता है
प्रेम के दरवाज़े सिर पटकता है

और प्रेम किसी भिक्षापात्र में नहीं मिलता

यहाँ हर रोज़ गवाहियाँ होती हैं
हर रोज़ अदालतें बैठती हैं
मुंसिफ़ होते हैं बड़े निर्दयी
बड़े सलीके से प्रेम को मृत्युदंड देते हैं

सुनो जोगी,
अब भरोसा दुर्गुण हो चला है
प्रेम हाट में बिकने लगा है
ज़िन्दगी ज़ार-ज़ार रोती है

सोहनी लगातार तैरती है जोगी
डूबती है और उतराती है
कच्चे घड़े, उफनाई नदी और डरावनी रात का आहार बनती है
वह दोषी है प्रेम की

सो हर पहर को अपने आँसुओं का तोहफ़ा देती है।

कुछ समय बाद

सुनो जोगी,

कुछ समय बाद कुछ बातों का कोई अर्थ नहीं रहेगा। रंग उड़ जाएँगे। आसमान फीका हो जाएगा। जो कल्पना का सूर्य है वह कभी उदित होगा ही नहीं। कुछ बातें सिर्फ़ बातों की तरह रह जाएँगी और कभी फलेंगी ही नहीं। तुम्हें धारण करना और तुम्हें जन्मना और तुममें समाहित होना और अभिन्न होना।

तुम्हारे साथ बढ़ना अनन्त तक और चलना महासागरों के सीने पर और अपनी इन्द्रधनुषी इच्छाएँ तुम्हारी गहराई में बो देना और तुम्हारी उर्वरता में हरा होना। इस तरह तुम में उगना जैसे धरती में गुलाब उगता है। इस तरह फैलना तुम में जैसे आकाश में नीलापन। ऐसे बहना तुम में जैसे रगों में रक्त। ऐसे रहना तुम में जैसे सीने में हृदय।

और दो के मध्य होना किसी का गुणा की तरह और अगुणित हो जाना हमारा और एक ही जीवन में जन्मना बार-बार ख़ुद को। ज़िन्दगी की अनूठी धार हो जाना।

सुनो, तुम्हारे होने से सपने जनमे। तुम्हारे होने से बरसीं ख़्वाहिशें। तुम्हारे रंग से पृथ्वी के सारे फूल खिल गए। तुम्हारा रंग आग का है। तुम्हारा रंग है पानी। तुम्हारा रंग हवा का है। तुम्हारा रंग आसमानी है।

मैं भर रही हूँ या कि ख़ाली हो रही हूँ। आँखें मुँद रही हैं या कि खुल रही हैं। ये अछोर विस्तार भी नहीं समेट पा रहा मेरे कणों को। मैं जुड़ रही हूँ या कि बिखर रही हूँ।

कुछ समय बाद आसमान हो जाएगा तारों से ख़ाली। समन्दर अतीव खारेपन के कारण प्यास से ख़ारिज कर दिए जाएँगे। सूखी धरती बिवाइयों से भर के रुदन करेगी।

ये व्योम नीला हो रहा है कि काला! और इस पूरे टुकड़े में सूरज क्यों नहीं आ रहा?

वह कौन चन्दन वृक्ष है

सुनो जोगी,
वह कौन चन्दन वृक्ष है जिसके गिर्द मैं लिपटी हूँ नाग-सी
कि विष मेरा शान्त ही नहीं होता

दाह होता ही रहता है निरन्तर
मैं वासुकि की वंशज
क्या मथती हूँ अनन्त जन्मों तक
कि रत्नों से भरा समन्दर भी ज़हर उड़ेल देता है मेरे मुँह पर

कोई शिव नहीं अवतरित होते
नहीं आते कैलाशपति
गले का हार बनाने
कि वे भी बस देवताओं के ही देवता हैं

क्या है कि मैं तक्षक-सी
छुप के खोजती हूँ स्वर्ग का द्वार

मैं नीली होती जाती हूँ
यह अग्नि तीव्र है
सब भस्म करने वाली
कोई आस्तीक नहीं आते मुझे बचाने

ये कैसी व्याकुल प्यास है अमृत की
कि राहु की तरह बेचैन हो बैठ जाती हूँ सम्भ्रान्त जनों की पाँत में
और क़ीमत सिर देकर चुकाती हूँ

रूप और गुण दोनों ही छलते हैं
फिर भी वे होते हैं देव
मैं अवगुणी अपने ही विष में बुझी जाती हूँ।

सर्दियों की सिम्फ़नी

सुनो जोगी,
मैं उदास शामों का विरह गीत सुनती हूँ
सर्दियों की सिम्फ़नी पर बजता हुआ

एक जादू की दुनिया चक्करघिन्नी-सी घूमती है
मेरे चारों तरफ़

आँखें बन्द और जादू ख़त्म!

उदासी का फ़लक

सुनो जोगी,
उदासी का फ़लक गहरा गया है

नज़र अब शून्य है
पीठ पीछे राग है, सुर-ताल, मीठे गीत
जीवन से भरे

सब बहुत पीछे
बहुत पीछे छूटते

और आगे
घना घनघोर है
हृदय ऐसे डूबता

साँझ हो ज्यों डूबती गहरी निशा में
तम छा रहा

सुनो जोगी,
दृश्य धूमिल हो रहा
तुम जा रहे
जी जा रहा
सब जा रहा

मेरा खोया हुआ हिस्सा

सुनो जोगी,
तनिक यह खोज दोगे
मेरे मन का कोई हिस्सा
कहीं छूटा हुआ है

ज़रा तुम देख लेना
उस अछूते अनकहे में झाँक लेना
कहीं अटका पड़ा होगा

किसी दूरी को,
अस्वीकृति नहीं वह मानता होगा
तुम्हारे रास्तों में नन्ही छाया-सा खड़ा हो
देख लेना

कहीं वो मेरा ही खोया हुआ हिस्सा न हो।

बारिशें मन पिघलाती हैं

सुनो जोगी,
बारिशें मन पिघलाती हैं
और सारे आवरण विलीन होते जाते हैं

अपने इर्द-गिर्द के कठोर पत्थरों में मैं एक मुलायम पत्थर चुन लेती हूँ
मुलायम पत्थर
मैं हँसती हूँ
भला पत्थर कितना मुलायम हो सकता है
यह पीड़ा सापेक्ष है
यह समय सापेक्ष है

मैं एक असम्भव की कल्पना में उतरती हूँ
जहाँ मैं जी रही हूँ
वहाँ कुछ है नहीं

एक शून्य है बरपा हुआ।

प्रेम एक घाव है

सुनो जोगी,

प्रेम एक घाव है जो सदा ही हरा रहता है। रोज़ मैं बात करती हूँ, दिन भर, साँस भर, चौबीस घंटे, जीवन भर।

और हर बार सब कुछ अनुत्तरित रहता है। जैसे कि प्रेम कोई अपराध हो। जो सृष्टि के कण-कण से प्रेम करता हो उसने मुझे बेदर्दी से सृष्टि से खरोंच के फेंक दिया हो अन्तरिक्ष में, किसी ब्लैक होल में। जिसके एवज में आँखों को, मन को, वाणी को, त्वचा को और समूची काया को काला पानी दे दिया जाए।

ऐसा घाव है प्रेम जो उम्र भर हरा रहे। जो सृष्टि भर हरा रहे। अब यह माना जा सकता है कि पौधों का हरापन प्रकृति से प्रेम का घाव है ।
सुबहें अब जल्दी जाग जाती हैं। रातें अब सोती नहीं। आँखें अपने होने का पूरा फ़र्ज़ निभाती हैं। वे देखती हैं और बहती हैं। वे नहीं देखतीं और बहती हैं। वे धार-धार बहती हैं। वे भूल गईं कि बहने का काम नदी को दिया गया है। हवा को दिया गया है। वे बहती हैं जैसे सृष्टि के सारे घाव खुल गए हों। मुस्कानें जैसे किसी और दुनिया की निवासी हों। लाख बुलाने पर भी नहीं आतीं। यह दूरी अलंघ्य हो चली है।

पूरा अस्तित्व बस आँखों में सिमट आया है। और बाक़ी हृदय में। हृदय एक पंछी हो चला है। वह चोटिल है, बेतरह आहत है। उड़ नहीं पाता। बस छटपटाता है। जैसे किसी ने जकड़ दिया हो, प्रिय सामने हो और पिंजड़ा खुल न रहा हो, जैसे जीवन से विलगाव की आहट सुन ली हो। वह फड़फड़ाता है तो धुआँ गहराता है। साँसें भारी हो जाती हैं। जब कोई घायल पंछी ठीक हृदय में छटपटाए तो कैसे कोई साँस ले ही सकता है।

मस्तिष्क में स्मृतियों की घेराबन्दी है। वे जीतने के लिए उतावली हैं। वे मजबूत हैं और बार-बार आक्रमण करती हैं। उनका जोश कम ही नहीं होता। वे हत्यारी सी हो चली हैं। वे कहीं से आती नहीं और उन्हें कभी कहीं जाना नहीं। उन्हें यह काया जीतनी है। वे बाँहें मरोड़ती हैं, गर्दन में ऐंठन भरती हैं, वे बहुत ताकतवर हैं, रक्त प्रवाह में मुक्के मारती हैं, पंछी और तेज़ छटपटाता है। उन पर कोई प्रभाव नहीं पड़ता। पीड़ा उनका खाद पानी है। पीड़ा बढ़ती है वे और चतुर हो जाती हैं। पंछी को सहलाने के बहाने वे उसके कुछ पर और नोच देती हैं। धुआँ और घना हो जाता है। साँसें और भारी हो उठती हैं। स्मृतियों का चाबुक बहुत कड़ा है, बहुत लम्बा है, बहुत यातनादायक है।

सुनो मन रँगना!

सुनो जोगी,

मेरा हृदय तुम्हारी स्मृतियों का तलघर है। मैं इन यादों के म्यूज़ियम में प्रवेश करती हूँ। तुम गेट पर ही मिलते हो। कभी इस बेंच पर बैठे इन्तज़ार में, कभी दूर वाली, कभी लहराकर उठते। खिली मुस्कान के साथ। कभी दूर से आते दिखाई देते। कभी सन्देश देते कि मेरी तरफ़ बढ़ रहे, बस दो मिनट। कभी कहते आदत नहीं बनाना चाहिए किसी को। कभी हँसते, आप तो सच आदत होते जा रहे। फिर ख़ुद बुलाते। आज आना है न! कभी कहना आज बहुत इन्तज़ार कराया आपने।

सच कहूँ मैं कभी नहीं आई। हमेशा हम ही आए। और आज जब तुम कहीं नहीं दीखते, तब भी हम ही आए हैं। तुम एक पल के लिए भी जाते ही नहीं छोड़ के। शाम को भी होते हो, रात को भी, आधी रात को भी। तड़के सवेरे भी।

अरुणोदय तुम से होता है। उगता सूरज एक घड़ी ऊपर आ चुका। गंगा सोने-सी निखरी। तुम्हारी ध्वनि उभरती है—हिरण्यगर्भा...

संगच्छध्वं संवदध्वं, संवोमनांसि जानताम्
देवाभागंयथापूर्वे, सञ्जानानाउपासते

नदी मुग्ध, सूर्य मुग्ध, लहरें, आकाश, दूर तक जलराशि सब मगन। सब मुग्ध, मंत्र-मुग्ध।

नदी किनारे तुम ही विचरते हो। तुम क्या हो नहीं पता। मैं क्या हूँ नहीं पता। समय के इस क्षण में इस पृथ्वी पर, इस ब्रह्मांड में, अकिंचन-सी हमारी क्षणिक उपस्थिति क्या है, नहीं पता। कभी सोचा नहीं कि इसके अर्थ को

जाना जाए, कभी ख़याल नहीं आया कि इसका मतलब पहचाना जाए।

मैं नदी किनारे बैठती हूँ, अब भी बगल में तुम ही बैठते हो। आगे बढ़कर ऊपर चढ़ती हूँ, तुम अब तक वहीं तो बैठे हो। मुस्करा रहे हो। तुम्हारी आवाज़ गूँजती है मेरे हमनफ़स, मेरे हमनवा, मुझे दोस्त बनके दग़ा न दे...

सप्तपर्णी और उसकी गन्ध दोनों से मैं तुम्हारा पता पूछती हूँ। वो जगह जहाँ हम टिके रेलिंग से। लेमन चाय पीते रहे। वह बेंच जहाँ जीवन कथा शुरू हुई। वे रास्ते, वे सबसे सुन्दर दृश्य, याद हैं न सड़क के किनारे-किनारे प्रेमियों के खोदे अनगिनत नाम। जो हमने पढ़े। देर तक...दूर तक...।

वो बड़ा गोल हिस्सा, फूलों और हरियाली से भरा। वहाँ तुम्हारे रैकेट से लगातार चोटिल शटल की आवाज़ें आती हैं। बीच की तमाम पगडंडियाँ, जहाँ के अँधेरे और उजालों में तुम्हारी परछाइयाँ हैं।

नदी की भाप में अब भी तुम्हारी ख़ुशबू आती है। और दूसरे पार पड़ी अकेली बेंच पर अब तक मैं तुम्हारे साथ बैठी हूँ।

यहाँ जब कुहरा होता है तो तुम होते हो। जब चाँद दीखता है पूर्णिमा का, तो तुम होते हो साथ, जब प्रथमा, द्वितीया का, तो तुम होते हो, यहाँ तक कि अमावस्या भी तुम्हारी उपस्थिति की छाया है। पता है आज गहरा फॉग उतरा है। जैसे तुम साँस ले रहे हो।

तुम्हारे साथ ब्रह्मांड के इस नन्हे टुकड़े का सफ़र, कब गलियाँ, कब रोशनियाँ, कब टूटी-फ्रूटी आइसक्रीम, कब रंगीन पंछियों के जोड़े वाले गुब्बारे, कब यमुना की घनी रात। कब पुराने शहर से ख़रीदी तिल की मिठाइयों का पैकेट नदी तट पर छूटना, कब तड़के चार बजे तुम्हारा वहाँ जाना, पैकेट बरामद करना, कब अगल-बगल बैठे पाँच-छह घंटों का मुट्ठी से रेत सा फिसलना, कब शहर में दिसम्बर होना। शरारत में तुम्हारी टोपी कान से ज़रा सी उघाड़ी। ठंड सरसराती घुसी। तुम्हारा चौंकना।

मेरे हाथ ठंडे हो रहे, उँगलियाँ जम रहीं, तुम अपनी जैकेट की आगे वाली जेबें खोल देते हो। ठिठुरती हथेलियों का नन्हा गुनगुना घर। दुनिया एक झटके में दोस्त हो जाती, नरम और भावुक होती कहानी।

ग़नीमत कि इन सब में कहीं लगाव न था। कोई चाह न थी। एक लगातार डिस्टेंस था। तुम्हारा कोई पता नहीं। तुम्हारा कोई नाम नहीं। शहर नहीं। घर नहीं। तुम किसी के नहीं। डिस्टेन्स क्या होता है भला। यही सब तो। ओह। सुनो तुम!

आँखों की तरलता, तुम बहो। मुस्कान तुम खिलो। हँसी, तुम छा जाओ। स्पर्श, तुम जादू बन जाओ। चश्मे, तुम आँखों के पानी को न ढकना। उँगलियों, तुम वाद्य पर बारिश की तरह बजना। आवाज़, तुम झरने-सी होना। आत्मा, तुम अरुणोदय बनना। स्मृति, तुम झील-सी गहरी उतरना। कदमों, तुम पलक झपकते अपने दिल की आवाज़ तक पहुँचना। मस्तिष्क, थोड़ी जगह इन डिस्टेंट यादों को भी देना। लम्बी बाँहों, दुनिया के छद्म से तुम्हें बचाकर रखना। ज्ञान, तुम प्रेम को दाखिल होने देना। एकान्त, तुम कृत्रिमता की सारी परतें हटा देना।

हृदय, अपने भीतर मुझे जगह देना। अपने कपाट पूरे खोल देना कि उसमें दुनिया का सच अपने तेज़ क़दमों से दाख़िल हो सके।

सुनो मन रँगना!